코즈가 들려주는
외부 효과 이야기

코즈가 들려주는
# 외부 효과 이야기

글 최병모 이수진 · 그림 박용석

**03**
경제학자가 들려주는
경제 이야기

|주|자음과모음

로널드 코즈(Ronald Harry Coase)는 법과 제도 등을 통해 경제를 분석함으로써 법경제학, 신제도경제학, 거래 비용 경제학의 영역을 개척한 경제학자입니다. 그는 시장에서 발생하는 외부 효과 문제를 정부의 개입 없이 해결할 수 있다고 주장하였습니다.

여기서 외부 효과란 한 사람의 행동이 다른 사람에게 의도하지 않은 혜택이나 손해를 끼치는 것을 말합니다. 이 책에서는 일상에서 일어날 수 있는 다양한 이야기를 통해서 외부 효과에 대해 알기 쉽게 설명하고 있습니다.

코즈는 외부 효과가 발생했을 때 '재산권'이 누구에게 있는지 불명확하기 때문에 문제가 발생한다고 보았습니다. 또한 '거래 비용'이라는 새로운 개념을 통해서 경제 주체인 당사자가 직접 외부 효과의 문제를 해결할 수 있을 것이라고 주장했지요.

이것이 유명한 '코즈의 정리'랍니다. 코즈는 이 이론을 통해서 반드시 법적 구조를 의지하지 않더라도 경제 문제를 해결할 수 있다는 것을 밝혀냈습니다.

어려운 용어가 나와서 벌써부터 긴장된다고요? 너무 걱정하지 마세요. 코즈 선생님의 이야기를 듣다 보면 어느새 여러분은 경제학의 재미에 푹 빠져 있을 거예요.

'코즈가 들려주는 외부 효과 이야기'는 시장 실패로서의 외부 효과가 무엇인지 알아보고 그로 인해 발생하는 문제를 어떻게 해결하면 좋을지 함께 생각해 볼 수 있도록 구성되어 있습니다. 또한 어려운 경제 이론만 제시하기보다는 사회 문제와 관련된 사례를 일부 포함시켜서 학생들이 좀 더 깊이 사고할 수 있도록 구성하였습니다.

이 책을 통해서 여러분이 현실의 경제 문제에 관심을 가지고 더 깊이 생각해 볼 수 있는 계기가 되었으면 합니다.

최병모 · 이수진

지구가 온실가스 배출 때문에 열병을 앓고 있다. 우리의 이기심 때문에 더 이상 지구 환경을 파괴해서는 안 될 것이다.

시장 경제의 규칙과 질서가 잘 지켜져서 모든 개인이 골고루 혜택을 누리기 위해서는 법이 허용하는 범위 내에서 남의 이익을 침해하지 않으면서 자신의 이익을 추구해야 한다.

| 초등학교 | 사회 6 | 3. 환경을 생각하는 국토 가꾸기<br>(2) 환경 문제의 해결을 위한 노력 |
|---|---|---|
| 중학교 | 사회 3 | III. 시장 경제의 이해<br>1. 시장 경제의 발전 과제 |
| 고등학교 | 경제 | II. 시장과 경제 활동<br>3. 시장 기능의 한계와 보완 대책<br>(1) 시장 기능의 한계<br>– 외부 효과가 발생하는 경우<br>– 공공재의 특성을 갖는 경우 |

어떤 시장 참여자의 경제적 행위가 다른 사람들에게 의도하지 않은 혜택이나 손해를 가져다주는데도 불구하고 이에 대해 아무런 대가를 받지도, 지불하지도 않는 현상을 외부 효과라고 한다. 특별히 다른 사람에게 혜택을 주었을 때를 긍정적인 외부 효과, 손해를 끼쳤을 때를 부정적인 외부 효과라고 한다. 이 때는 자원이 필요한 곳에 충분히 배분되지 못하거나 불필요하게 많이 배분되어 비효율적인 시장의 실패가 나타나게 된다.

공공재란 국방, 치안, 공원 등과 같이 여러 사람의 공동 소비를 위해 생산된 재화와 서비스를 말한다. 어떤 재화와 서비스가 공공재의 특성을 갖는 경우에 시장의 실패가 나타난다. 그것은 생산에는 막대한 비용이 들지만 누구나 공짜로 소비할 수 있고 자율적으로 생산되지는 않기 때문이다.

| | 세계사 | 로널드 코즈 | 한국사 |
|---|---|---|---|
| 1910 | | 런던의 윌스덴 출생 | 한일 강제 병합 |
| 1914 | 1차 세계 대전 발발 | | |
| 1929 | 세계 대공황 | 런던 경제 대학 입학 | 광주 학생 항일 운동 |
| 1932 | | 던디 경제 상업 대학 강의 | 이봉창, 윤봉길 의거 |
| 1934 | | 리버풀 대학 강의 | 조선 농지령 공포 |
| 1935 | 중일 전쟁 | 런던 경제 대학 강의(~1951) | 한인 중앙아시아 강제 이주 |
| 1937 | | 「기업의 본질」 논문 발표 | |
| 1945 | 브레턴우즈 협정 발효 | | 8 · 15 광복 |
| 1950 | | 「영국 방송 : 독점에 대한 연구」<br>논문 발표 | 6 · 25 전쟁 발발 |
| 1951 | | 버팔로 대학 재직(~1958) | |
| 1958 | 유럽 경제 공동체(EEC) 발족 | 스탠포드 대학의<br>행태 과학 연구소 재직 | |
| 1959 | | 버지니아 대학 재직<br>「방송의 정치 경제학」 논문 발표 | |
| 1960 | 유럽 자유 무역 연합(EFTA) 발족 | 「사회적 비용의 문제」 논문 발표 | 4 · 19 혁명 |
| 1961 | 경제 협력 개발 기구(OECD) 발족 | | 5 · 16 군사 정변 |
| 1964 | | 시카고 대학 법대 부임<br>법 경제학 저널 편집 및 편집장<br>역임(~1982) | |
| 1981 | | 시카고 대학 은퇴 | |
| 1986 | GATT 우루과이라운드 개시 | | |
| 1991 | | 노벨 경제학상 수상 | 남북한 UN 동시 가입 |
| 1995 | 세계 무역 기구(WTO) 출범 | | |
| 2008 | 세계 금융 위기 | | |
| 2010 | | 100세 생일 | G20 정상회의 개최 |
| 2013 | | 사망 | UN안보리 비상임 이사국 선정 |

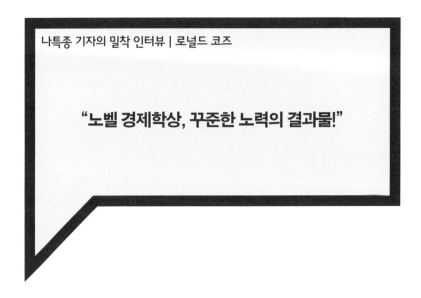

# "노벨 경제학상, 꾸준한 노력의 결과물!"

안녕하세요, 나특종 기자입니다. 오늘은 노벨 경제학상을 받으신 '로널드 코즈' 선생님을 모시고 재미있는 외부 효과 이야기를 들어 보는 시간을 갖겠습니다. 수업에 앞서 코즈 선생님의 짧은 인터뷰가 있겠습니다.

안녕하세요, 선생님. 먼저 선생님의 어린 시절에 대해 이야기해 주시겠습니까?

나는 1910년 12월 29일, 런던의 윌스덴에서 외아들로 태어났어요. 요즘에는 주변에서 외아들을 쉽게 찾을 수 있지만 그 시절에는 꽤 드문 일이었지요. 당시 부모님 모두 우체국에서 근무를 하셨기 때문에 형제가 없었던 나는 외로운 어린 시절을 보내야 했어요. 게

다가 몸도 약해서 친구들과 어울리기보다는 혼자서 체스를 두며 지내는 경우가 많았지요. 한때는 지체부자유 증세마저 있어 열 살이 될 때까지는 아무런 교육도 받지 못하며 지냈답니다.

그럼 선생님은 언제부터 학문에 두각을 나타내셨나요?

나의 부모님께서는 모두 열두 살에 학교를 그만 두셨기 때문에 교육에는 별로 관심이 없으셨어요. 그래서 나는 부모님의 도움 없이 혼자 공부했던 기억이 많지요. 하지만 어머니께서는 어렸을 적부터 항상 성실하고 정직해야 한다는 귀한 가르침을 주셨어요. 그러한 가르침 덕분에 성실하게 학문에 매진하는 자세를 배울 수 있었던 것 같아요. 그렇게 어린 시절부터 꾸준히 공부한 결과 중등학교 시절부터 학문에 서서히 두각을 나타내기 시작하고, 이후 2년간의 준비 기간을 거쳐 런던 대학에 2학년으로 편입할 수 있는 자격 시험에 합격할 수 있었어요.

그런데 선생님께서는 대학 4학년이 될 때까지 경제학을 공부한 적이 없다고 알고 있는데요, 어떤 계기로 경제학에 관심을 갖게 되신 건가요?

학창 시절에는 수학 보다는 화학에 관심을 가져 런던 경제 대학에 입학을 하고 나서도 4학년이 될 때까지는 경제학을 공부하지 않았어요. 그런 내가 경제학에 관심을 갖게 된 것은 우연히 스승 플랜트 교수님의 세미나에 참석한 이후였지요. 그때부터 경제학을 공부하기 시작하여 지금까지 많은 연구를 해 왔답니다.

좀 더 일찍 경제학을 공부했더라면 좋았을 것이라는 후회는 해 보지 않으셨나요?

전혀요. 오히려 우연한 경로를 통해 경제학을 접했기 때문에 정통 경제학에서는 누리지 못할 자유를 누렸다고 생각합니다. 내가 남들보다 독창적인 사고를 할 수 있었던 것도 모두 이런 이유 때문일 거예요.

그럼 대학을 졸업하신 후에는 어떤 독창적인 연구를 하셨나요?

남들보다 뒤늦게 경제학 공부를 시작한 나는 대학 졸업과 함께 장학생으로 선발되어 미국의 산업 중심지를 시찰하였습니다. 이때의 경험을 바탕으로 1937년에 「기업의 본질The Nature of the Firm」이라는 유명한 논문을 발표하였지요.

**거래 비용**
개인들이 시장에서 직접 거래를 할 때 드는 전반적인 비용을 말합니다.

이 논문에서는 거래 비용이라는 개념을 통해 기업이 어떻게 효율성을 추구해 나가는지를 설명하였어요. 실제로 사람들이 개인적으로 모여서 일하고 다시 흩어지는 형태보다는 회사와 같은 조직체를 만드는 것이 효율적이지요. 이는 기업이 거래 비용을 최소화하기 때문이에요.

하지만 이 논문은 당시에는 큰 관심을 받지 못했어요. 왜냐하면 애덤 스미스(Adam Smith) 이래로 많은 경제학자들이 가격 기구를 통해 경제 체계를 조정할 수 있다고 생각했기 때문에 거래 비용이라는 개념이 생소하게 들렸던 것이지요. 그 후, 1960년에 발표한 「사회적 비용의 문제The Problem of Social Costs」라는 논문은 시장에 대한 정부

의 개입에 새로운 시각을 제시했다는 평을 받았어요. 결국 이 두 논문을 인정받아 노벨 경제학상을 수상할 수 있었지요.

　1994년에 '노벨상 수상자의 생애'를 주제로 강연을 하신 것으로 알고 있는데요, 가장 기억에 남는 한마디는 어떤 것이 있을까요?
　당시 사람들에게 이렇게 말했지요.

"나는 그냥 내가 관심을 가진 분야에 대해서 묵묵히 연구해 왔던 것 같습니다. 매일 새롭게 벽돌을 모았고, 어떤 한 지점에 도달하고서야 내가 어떤 길을 걸어왔는지 알 수 있었지요. 그동안 모아 둔 벽돌들이 내 경제학 이론의 초석이 되어 내 인생에 어떤 기적을 가져다 준 거예요. 여러분도 자신의 영역을 묵묵히 일구어 나간다면 언젠가는 나처럼 큰 빛을 볼 수 있을 거라고 믿습니다."

네. 감동적인 말씀 감사합니다.

아, 그리고 이어질 강의는 더욱 흥미진진한 시간이 될 거라는 말도 덧붙이고 싶군요.

네. 선생님의 수업이 정말 기대됩니다. 이번 인터뷰를 통해서 코즈 선생님에 대해서 많은 궁금증이 풀린 것 같은데요, 본격적인 외부 효과 이야기는 이어지는 수업을 통해서 듣기로 하고 인터뷰는 여기서 마치겠습니다.

지금까지 나특종 기자였습니다.

# 외 부  효 과  맛 보 기

우리는 경제 활동을 하면서 다른 사람에
게 혜택을 주거나 손해를 끼치는 행동을
하기도 합니다. 이렇게 의도하지는 않았
지만 다른 사람들에게 영향을 주는 것을
경제학에서는 외부 효과라고 한답니다.

## 수능과 유명 대학교의 논술 연계

2006학년도 수능 (경제) 17번

## 외부 효과란?

우리는 일상생활에서 필요한 재화나 서비스를 얻기 위해서 일정한 대가를 지불해야 합니다. 그리고 시장에서는 소비자와 생산자 사이에 적절한 가격이 설정되고 이에 따라 거래가 이루어지지요.

가격은 신호등과 같아서 시장에 참여한 사람들이 합리적으로 행동할 수 있도록 신호를 보내고, 이를 통해 시장은 완벽하게 조절될 수 있습니다. 바로 그 과정에서 자원이 효율적으로 배분되는 것입니다. 그래서 지금도 많은 사람들은 시장이 가장 효율적이라고 말합니다.

하지만 우리 주변에서는 아직도 많은 경제 문제가 발생하고 있는데, 이를 통해서 시장도 실패할 수 있다는 것을 알 수 있습니다. 대표적인 것이 시장에 '외부 효과'가 발생한 경우인데, 이 말은 시장의

시장은 가격 기구에 의하여 자원을 효율적으로 배분하는 기능을 합니다.

**피구**
영국의 경제학자로서 후생 경제학의 기초를 닦았으며 조세의 유용성을 강조하였습니다.

**바토**
시장 실패라는 용어를 처음 사용한 경제학자로서 일반 균형 이론과 후생 경제학의 근거가 되는 논문을 발표함으로써 경제학 분야에 크게 공헌하였습니다.

외부에서 경제적 행위가 이루어짐으로써 문제가 발생한다고 해서 붙여진 이름입니다. 결국 시장의 내부에서 자체적으로 문제를 해결하기 어렵게 되었다는 뜻이지요.

사실 외부 효과라는 용어를 제일 처음 사용한 사람은 피구(Arthur Cecil Pigou)와 바토(Francis Bator)교수예요. 피구는 1920년 그의 저서 『후생 경제학The Economics of Welfare』에서 환경 문제를 '외부 효과'란 용어를 사용하여 설명하였지요. 앞으로 배우겠지만 환경 문제는 외부 효과를 이해하는데 가장 적합한 사례라고 볼 수 있어요.

한편 바토는 1958년 「시장 실패 해부학The Anatomy of Market Failure」이란 논문을 통해 외부 효과를 시장 실패의 하나로 이야기하여 학계에 큰 관심을 불러일으키기도 했답니다.

이렇게 위대한 학자들이 있음에도 불구하고 이번 수업을 진행하게 된 이유는 외부 효과를 해결할 수 있는 새로운 방법을 제시하였기 때문입니다. 오늘 수업은 외부 효과뿐만 아니라 그 해결 방법까지도 자세히 알아볼 것이니 기대해도 좋습니다. 하하.

외부 효과는 우리 일상생활에서 흔히 볼 수 있는데, 지금부터 다양한 사례를 통해서 재미있게 배워봅시다.

우선 첫 번째 수업에서는 외부 효과란 무엇인지 차근차근 알아보기로 해요. 자, 모두들 준비되었지요?

"네! 너무 기대돼요."
"외부 효과라니, 왠지 어려울 것 같지만 열심히 배울게요."

좋아요. 재미있는 이야기를 통해서 배우다 보면 여러분도 어느 새 경제학자가 된 것 같은 기분이 들 거예요. 그럼 먼저 아래의 이야기를 들어봅시다.

자음이와 모음이는 어렸을 때부터 매우 절친한 친구였어요. 그런데 자음이네 집 앞마당에는 할아버지 때부터 키워 온 오래된 감나무가 한 그루 있었어요. 그 감나무에서 열리는 감은 시장에서 높은 가격에 팔릴 정도로 맛이 좋았답니다. 그런데 자음이 할아버지께서는 돌아가시기 전에 다음과 같은 유언을 남기셨어요.

어떤 경우에도 감나무를 옮기지 말고 그 자리에서 키우라는 것이었죠. 자음이는 할아버지의 유언대로 앞마당에서 감나무를 키우며 감을 수확했어요. 하지만 옆집에 사는 모음이네는 이로 인해 큰 불편을 겪게 되었답니다. 왜냐하면 감나무 때문에 모음이 방에 햇빛이 가려져 1년 내내 그늘이 생기고 어두웠기 때문이지요.

여러분, 자음이네 집과 모음이네 집 사이에는 어떤 문제가 생겼죠?

"자음이네 집에 있는 오래된 감나무 때문에 모음이네는 햇빛도 못 보고 그늘 속에서 지내야 하는 불편을 겪고 있어요."

이 이야기는 우리가 생활하면서 충분히 경험할 수 있는 일입니다. 자음이는 전혀 의도하지 않았지만 모음이에게 피해를 주고 있어요. 하지만 자음이는 할아버지의 유언을 지켜야 하고, 감나무로 인해 얻는 만족도 포기할 수 없기 때문에 그 피해는 앞으로도 계속될 거예요.

이 경우 가장 큰 문제는 자음이가 모음이에게 피해를 끼치면서도 아무런 대가를 지불하지 않는다는 데 있습니다. 게다가 그 대가는 시장에서 일정한 가격으로 설정되어 있는 것도 아니지요. 이는 시장의 내부에서 발생한 문제가 아니기 때문이에요.

**교과서에는**

외부 효과란 어떤 한 사람의 경제적 행위가 다른 사람들에게 의도하지 않은 혜택이나 손해를 주면서도 이에 대해 아무런 대가를 받지도, 지불하지도 않는 현상을 말하지요.

이렇게 한 사람의 행위로 인하여 다른 사람의 효용에 의도하지 않은 변화가 생기는 것을 외부 효과(external effect) 또는 외부성(externalities)이라고 합니다. 앞에서 이야기하였듯이 이러한 문제는 시장의 외부에서 발생하기 때문에 효용이 변해도 일정한 대가를 지불하지 않아도 되고, 받을 수도 없답니다.

"선생님, 그런데 효용이 무슨 뜻이에요?"

효용은 '행복'으로 바꿔 말할 수 있어요. 여러분이 어떤 행동을 했을 때 얻게 되는 쾌락을 말하거나 고통이 없는 상태를 말하기도 하지요. 이를 경제학적으로 말한다면 어떤 상품을 구매했을 때 느끼는

만족감이라고 할 수 있어요.

　예를 들어 설명해 볼게요. 어느 더운 여름날, 여러분이 야구장에 갔다고 생각해 봅시다. 야구 경기를 아무리 좋아한다고 해도 날씨가 너무 덥다면 관람이 즐겁지 않을 거예요. 바로 이때 시원한 음료수를 사서 마시면 갈증이 해소되고 만족감을 얻겠죠? 바로 이러한 만족감을 효용이라고 해요.

　그런데 이는 매우 주관적인 느낌이기 때문에 같은 재화라고 해도 이에 대한 효용의 크기는 각자 다를 수 있어요. 때문에 그 크기를 객관적으로 명확하게 측정할 수 없다는 것도 알아 두세요.

그럼 다시 외부 효과에 대한 이야기로 돌아가 봅시다. 여러분이 잘 아는 속담 중에 "사촌이 땅을 사면 배가 아프다."라는 말이 있어요. 사촌이 땅을 사서 재산을 늘리면 부럽고 시기하는 마음이 생긴다는 뜻이지요.

여기서 사촌이 땅을 산 행위는 나와 직접적인 연관성은 없지만 그로 인해 내 마음이 불편하다면 분명 어떤 영향을 받은 것이라고 볼 수 있습니다. 물론 사촌은 그것을 의도하고 땅을 산 것은 아니겠지만요. 이 속담은 결국 한 사람의 행위로 인해서 또 다른 사람이 의도하지 않은 피해를 입은 외부 효과의 사례라고 봐도 무방할 것입니다.

"선생님, 다른 속담은 또 없나요?"

"도랑 치고 가재 잡는다."라는 속담을 살펴볼까요? 이는 위의 속담과는 조금 다른 의미인데, '도랑을 치우니까 가재를 잡을 수 있게 되었다.' 라는 뜻입니다. 어떤 행위가 뜻하지 않게 또 다른 긍정적인 효과를 불러오는 것을 말하지요.

이와 비슷한 상황에서 함께 쓰이는 속담으로는 "꿩 먹고 알 먹고", "마당 쓸고 동전 줍고" 등이 있습니다. 이는 모두 한 가지 일로 두 가지 이익을 얻는다는 뜻이에요. "원님 덕에 나발 분다."는 속담도 비슷한 의미인데, 다른 사람 덕분에 우연히 대가도 치르지 않고 좋은 대접을 받게 되었으니 외부 효과의 좋은 사례라고 볼 수 있지요.

이러한 성격 때문에 다른 학문에서는 외부 효과를 파급 효과(spillover effects), 이웃 효과(neighborhood effects), 제3자 효과(third-party effects)라고도 부른답니다.

## 방약무인

중국 전한 시대의 역사가인 사마천은 그가 저술한 역사서 『사기史記』의 「자객열전刺客列傳」에서 '방약무인'이라는 말을 썼습니다. 방약무인은 한자로 곁 방(傍), 같을 약(若), 없을 무(無), 사람 인(人)으로 쓰이는데, 이를 해석하면 곁에 아무도 없는 것처럼 여긴다는 뜻입니다. 이는 주위에 있는 다른 사람을 전혀 의식하지 않고 제멋대로 행동하는 것을 이르는 말로 다음의 이야기에서 유래하였지요.

사마천은 중국 최고의 역사가로 칭송 받고 있습니다.

전국 시대가 거의 막을 내릴 무렵, 진시황제가 천하를 통일하기 직전의 일입니다. 당시 포악무도했던 진시황제를 암살하려다 실패한 자객 중에 형가(荊軻)라는 사람이 있었어요. 그는 위나라 사람이었으나 위나라 원군이 벼슬에 써주지 않자 여러 나라를 전전하다가 연나라에서 축(筑)의 명수인 고점리를 만나게 되었지요. 형가와 고점리는 호흡이 잘 맞아 금방 친한 사이가 되었답니다.

두 사람은 자주 술판을 벌였는데 일단 취기가 돌면, 고점리가 축을 연주하고 형가는 이에 맞춰 춤을 추며 노

> **축**
> 거문고와 비슷한 악기입니다.

래를 불렀어요. 그러다가 감정이 북받치면 함께 엉엉 울었는데, 이런 그들의 모습이 마치 '곁에 아무도 없는 것(방약무인)'처럼 보였다는군요.

위의 이야기처럼 방약무인은 본래 아무 거리낌 없이 당당한 태도를 의미했어요. 하지만 그 뜻이 점점 변하여 함부로 날뛰거나, 무례하고 교만한 태도를 의미하게 되었지요. 이와 비슷한 말로는 안하무인(眼下無人), 방벽사치(放辟奢侈) 등이 있답니다.

우리는 사회라는 울타리 안에서 많은 사람들과 상호 관계를 맺으면서 생활하기 때문에 자신의 행동이 다른 사람에게 어떤 영향을 끼칠 수 있다는 것을 늘 생각해야 합니다. 우리가 아무 거리낌 없이 제멋대로 행동하게 되면 다른 사람에게 피해를 입힐 수 있기 때문입니다.

이러한 방약무인의 태도는 어떤 사람의 행위가 다른 사람에게 의도하지 않은 혜택이나 손실을 주는 외부 효과의 문제와 관련지어 생각해 본다면 더욱 이해하기 쉬울 거예요.

지금까지 우리는 외부 효과에 대해서 간단히 살펴봤습니다. 이러한 외부 효과는 어떤 경제 주체의 행동이 다른 경제 주체에게 혜택을 주거나 긍정적인 영향을 주는 '긍정적인 외부 효과(외부 경제)'와 불편을 주거나 손해를 주는 '부정적인 외부 효과(외부 불경제)'로 나누어 볼 수 있어요. 그럼 다음 수업에서는 긍정적인 외부 효과에 대해서 자세히 알아보도록 합시다.

**교과서에는**

외부 효과가 발생했을 때, 다른 사람들에게 혜택을 주었느냐 혹은 손해를 끼쳤느냐에 따라서 긍정적인 외부 효과와 부정적인 외부 효과로 구분할 수 있습니다.

# 긍정적인 외부 효과

우리가 의도하지 않고 한 행동이 다른 사람에게 좋은 영향을 끼칠 때가 있지요. 이러한 경우 경제학에서는 긍정적인 외부 효과가 발생했다고 합니다.

# 수능과 유명 대학교의 논술 연계

2010학년도 수능 (경제) 17번

## 과수원 주인과 양봉업자

사람들은 일상생활 속에서 생각지도 못한 만족과 기쁨을 얻는 경우가 있습니다. 혹시 자신의 어떤 행동이 다른 사람에게 이익을 주었거나, 다른 사람의 어떤 행동으로 인해 이익을 얻었던 경험이 있나요? 이번 수업에서는 긍정적인 외부 효과에 대해서 배울 거예요. 그럼 아래의 이야기를 먼저 들어봅시다.

어느 산지촌에서 과수원을 하는 자음이네는 많은 사과나무를 키웠어요. 그런데 과수원 근처에 사는 모음이네가 **양봉업**을 시작하게 되었답니다. 모음이네는 꿀을 모으기 위해 벌통을 만들고, 그 벌통들을 모아 거대한 양봉 단지를 꾸렸어요. 자음이네는 모음이네 벌떼들 때문에 과수원으로 오

> **양봉업**
> 벌을 기르면서 꿀을 채취하는 일을 전문으로 하는 직업을 말합니다.

가는 길이 불편해지지는 않을까 걱정이 되었지만 일단 지켜보기로 했어요.

그렇게 겨울이 지나고 봄이 되었어요. 자음이네 사과나무에는 이전에 비해 꽃이 유난히 많이 피었고, 덕분에 가을이 되어서 많은 사과를 수확할 수 있었습니다. 다른 해보다 더 많은 사과를 수확하게 된 자음이는 그 이유를 곰곰이 생각해 보았어요. 그러자 과수원 근처에 모음이네 양봉 단지가 있다는 사실이 떠올랐지요. 이 양봉 단지 덕분에 과수원의 사과가 많이 열릴 수 있었던 거예요.

"그럼 자음이네 과수원만 큰 이득을 본 거네요?"
"꼭 그렇다고는 할 수 없지. 모음이네 양봉 단지도 사과나무 덕에 많은 꿀을 얻을 수 있었을 거야."

맞아요. 두 사람은 모두 서로에게 좋은 영향을 주었어요. 그럼 지금부터 어떻게 된 일인지 좀 더 자세히 알아봅시다.

사과나무나 배나무에 피는 꽃을 충매화(蟲媒花)라고 하는데 이는 곤충에 의해 꽃가루가 암술에 옮겨지는 꽃을 말한답니다. 이렇게 꽃가루를 옮겨 주는 대표적인 곤충으로는 벌과 나비가 있지요. 자음이네 사과나무는 모음이네 꿀벌에게 꽃가루와 꿀을 충분히 제공해 주었을 거예요. 또한 꿀을 모으는 과정에서 꿀벌의 몸에 붙은 꽃가루가 자연스럽게 암술에 붙어서 사과나무가 열매를 맺도록 도와준 것이지요.

이러한 이유로 모음이가 꿀벌을 많이 키울수록 과수원을 하는 자음이네는 더 많은 양의 사과를 수확할 수 있게 될 것입니다. 마찬가지로 자음이네의 꿀벌은 꽃을 찾아 멀리 갈 필요 없이 바로 옆에서 꿀을 채취할 수 있어서 벌꿀을 더욱 많이 만들 수 있겠지요. 이는 서로에게 긍정적인 외부 효과를 가져다준 결과입니다.

그렇다면 과수원을 하는 자음이와 양봉업을 하는 모음이 중에서 누가 더 많은 혜택을 입었을까요? 이는 각자에게 발생하는 긍정적인 외부 효과의 크기를 비교해 보면 알 수 있겠지만, 실제로 그 크기를 측정하기는 결코 쉽지 않답니다.

> **교과서에는**
>
> 만약에 한 사람이 자신의 만족을 위해서 정원을 아름답게 가꾸었더라도 주변 사람들이 이 정원을 통해 즐거움을 얻는다면 긍정적인 외부 효과가 발생했다고 할 수 있습니다.

## 교육의 파급 효과

다른 사람에게 이득을 주는 경제 활동은 많이 있습니다. 그 가운데 지식을 배우고 인격을 닦는 '교육'은 긍정적인 외부 효과의 대표적인 예이지요. 그렇다면 교육이 주는 혜택은 무엇이 있을까요?

먼저 국민들이 교육을 많이 받을수록 사회적으로 기여하는 바가 커진다는 점을 들 수 있습니다. 이를 통해 학문이 발전하고 새로운 기술이 개발되는 등 긍정적인 결과를 가져오기 때문이지요. 그리고 그 혜택의 대상은 주변의 한 개인을 넘어서 한 국가, 또는 전 세계가 될 수도 있습니다. 교육이 주는 긍정적인 외부 효과의 규모는 그만큼 크다고 볼 수 있지요. 그래서 많은 나라들이 교육 문제에 관심을 가지고 적극적인 투자를 하는 것입니다.

이 밖에도 교육은 국가 경제 전반에 직접적인 영향을 끼치기도 합니다. 2008년 8월, 미국 비영리 연구 기관인 랜드 연구소가 150여 개 관련 문헌과 저서 등을 근거로 조사한 결과에 따르면, 교육의 질이 높아질수록 연봉, 즉 임금이 상승하게 되고 그 지역의 집값도 함께 오른다는 것을 알 수 있습니다. 대다수의 사람들이 더 많은 돈을 지불하더라도 교육 수준이 높은 지역에 거주하고자 하는 경향이 있기 때문이지요. 그래서 한 지역의 교육 수준과 집값은 큰 연관이 있다고 볼 수 있어요.

한편 집값이 오른다는 것은 가계의 자산이 늘어난다는 것을 의미하는데, 이때는 임금이 상승한 경우와 마찬가지로 개인의 소비도 함께 늘어나게 됩니다. 이렇게 가계의 재산과 소비가 늘면, 정부에서는 재산세나 판매세와 같은 세금의 수입이 크게 늘어나면서 더 많은 예산을 확보할 수 있게 되지요.

한국 또한 입시 합격률이 높거나 교육 환경이 좋은 지역의 집값이 더 상승하는 것은 이미 잘 알려진 사실입니다.

"맞아요. 저도 그런 내용의 뉴스를 본 적이 있어요!"

그래요. 미국 캘리포니아 주 산타모니카에서도 지역 내 학교 성적

**비영리**
재산상의 이익을 추구하지 않는 사업을 말하며 학술, 종교, 자선 단체 등이 내표석입니다.

**가계**
민간 경제의 주체로서 한 집안의 수입과 지출을 통틀어 이르는 말입니다.

**재산세**
일정한 재산을 소유하고 있는 자에게 부과되는 세금으로 특별히 건축물, 시설물, 고급 선박, 항공기와 같은 재산을 소유하는 경우를 대상으로 합니다.

**판매세**
시장에서 거래되는 재화와 용역의 판매에 대해 모두 부과하는 일반적인 소비세를 말합니다.

교육의 질 상승

연봉·집값 상승

지방 및 중앙 정부의
수입 증가

개인 소비 증가

이 캘리포니아 주 전체의 평균에 비해 10~13%가 높았는데, 다른 지역과 비교해보니 평균 집값이 5만~10만 달러가량 더 올랐다고 합니다. 또 재미있는 통계로는 미국의 시카고와 매사추세츠 지역의 경우 학교의 수학과 독서 성적이 평균 1% 높아짐에 따라 부동산 가격도 평균 0.5~1% 상승했다는 내용이 있어요.

"어, 나 이번에 수학 성적이 지난번에 비해 30점 올랐는데, 내 성적도 집값에 영향을 주는 건가?"

"아니지. 너 혼자 성적이 오른 것은 의미가 없어. 지역 학교들의 평균 성적이 오를 정도는 되어야지. 그래야 교육 환경이 좋다는 게 증명되지 않겠어?"

그래요. 교육은 이렇게 사회 전반에 많은 영향을 끼치고 있어요. 또한 랜드 연구소의 조사에 따르면 교육 수준이 높을수록 신장 질환과 심장혈관 질환, 고혈압, 암 질환에 걸릴 가능성이 낮아질 뿐만 아니라 범죄율이 낮아지고 담배와 술, 마약에 빠지는 위험 또한 낮아지는 경향을 보인다고 해요. 실제로 범죄율은 학교 교육 수준의 향상에 따라 살인 27%, 성폭행 30%, 차량 절도 20%, 방화 13% 가량이 줄었고 다른 중범죄도 감소했다고 하니, 교육이 얼마나 중요한 역할을 하는지 알 수 있겠지요?

이러한 교육은 그 당사자에게도 많은 혜택을 주는데 사회 과학 분야의 많은 연구들에 의하면 교육 수준이 높으면 높을수록 소득 수

준도 높고, 사회적으로 보다 안정적인 삶을 산다고 해요. 교육을 많이 받은 근로자일수록 생산성이 높고, 그만큼 기업의 이윤 창출에 도움이 된다고 여겨져서 더 높은 임금을 받기 때문이에요. 결국 각 개인이 교육의 편익을 누리게 되는 셈이지요. 한국의 많은 부모들이 자녀의 사교육비에 많은 액수의 지출을 하는 것도 바로 이 때문이에요.

> **임금**
> 노동자가 일을 하고 그 대가로 받는 보수를 말합니다.
>
> **편익**
> 경제학에서 한 개인이 느끼는 주관적인 만족을 측정하는 단위를 말합니다.

"우리 반 친구들 중에 학원을 안 다니는 사람이 거의 없어요."
"맞아요. 우리나라는 교육열이 대단한 나라라고 들었어요."

맞아요. 앞에서 배운 것처럼 교육은 여러 가지 긍정적인 효과를 불러오지만, 한편으로는 이렇게 다른 측면을 가지고 있다는 것도 생각해 보면 좋겠어요. 과도한 교육열로 인해 사교육비 지출이 많아지고 이로 인해 가정 경제가 어려워지면 국가 경제에도 나쁜 영향을 끼칠 수 있기 때문이에요.


## 거리의 시민들이 얻는 효용

단독 주택에 사는 주인이 자신의 앞마당에 꽃과 나무를 심고 기업에서는 공익을 위해 공원을 조성하였다고 합시다. 그곳을 지나가는 사람들은 자연스럽게 꽃과 나무를 감상할 기회를 얻게 되므로 혜택을

입게 될 것입니다. 또 공원을 자유롭게 이용하며 즐거운 시간을 보
낼 수도 있겠지요. 하지만 이 혜택에 대한 비용은 아무도 지불하지
않기 때문에 긍정적인 외부 효과가 발생하게 됩니다.

"선생님, 거리의 아름다운 건물들도 이와 비슷한 효과를 가져오
지 않나요?"

좋은 질문입니다. 그래요. 거리의 아름다운 건물도 긍정적인 외부
효과를 가져올 수 있어요. 내가 태어난 영국은 역사적인 건물과 현
대적인 건물이 조화를 이루는 멋진 나라입니다. 그래서인지 세계 여
러 나라에서 많은 사람들이 여행을 오기도 하지요.

아름다운 건물은 외관상 보기에도 좋지만 역사적 의미를 담고 있
어서 더 가치를 지닙니다. 그런데 이러한 건물이 모두 처음부터 역사
적 가치를 부여하기 위한 의도로 만들어진 것은 아니었어요. 오랜 시
간이 흐르면서 자연스럽게 그 의미를 가지
게 된 것이지요. 덕분에 많은 관광객들이 아
름다운 건물을 보면서 만족을 느끼고 더불
어 그 안에 담긴 역사적 의미까지 새겨볼 수
있게 되었습니다.

요즈음은 빌딩이나 대형 건물 안팎에 아
름다운 조형물이 많이 설치되어 있어요. 빌
딩 주인이 이러한 조형물을 설치하는 데는

노트르담 대성당의 모습

어떤 이유가 있을까요? 이는 단순히 개인적인 만족을 위한 것일 수도 있고, 광고의 목적 때문일 수도 있습니다. 또는 건물에 미적 가치를 부여하여 부동산 가치를 높이고자 함일 수도 있겠지요.

하지만 이러한 의도와는 달리, 그 건물 앞을 지나가는 사람들은 조형물을 보고 감동을 받아 만족을 얻을 수 있습니다. 또한 조형물이 그 지역의 유명한 볼거리가 되어서 누구나 찾기 쉬운 약속 장소로서의 역할을 할 수도 있겠지요. 이때 거리의 사람들은 빌딩 주인에게 아무런 대가를 지불하지 않는다는 점에서 긍정적인 외부 효과의 좋은 사례라고 볼 수 있습니다.

"선생님, 그러면 긍정적인 외부 효과는 혜택을 가져다주니까 좋은 현상인거죠?"

물론 그렇게 생각할 수 있겠지만, 긍정적인 외부 효과도 시장이 극복해야 할 문제 중 하나에 속해요. 그 이유는 다음의 그래프를 통해서 설명할 테니 잘 들어보세요.

다음의 그래프에서 우하향하는 수요 곡선은 소비자가 한 단위 더 소비할 때 추가적으로 발생하는 만족, 즉 한계 편익을 나타냅니다. 그리고 수요 곡선 위에서 우하향하는 사회적 한계 가치 곡선은 소비자에게 발생하는 사적 한계 편익에 사회에서 발생하는 한계 외부 편익을 합한 것을 의미해요.

이 곡선들은 우상향하는 공급 곡선과 만나서 가격과 거래량을 결

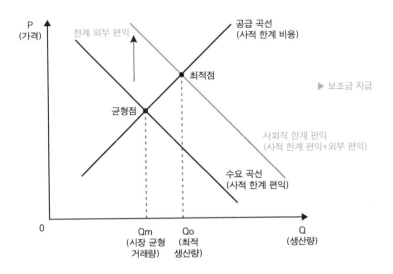

정하는데, 정부의 개입이 없는 상태일 때 시장에서의 균형 가격은 수요와 공급이 일치하는 수준에서 결정됩니다. 그리고 이때의 거래량을 시장 균형 거래량($Q_m$)이라고 하지요.

하지만 긍정적인 외부 효과가 발생하게 되면 다른 사람에게 좋은 영향을 주기 때문에 이로 인해 발생하는 사회적인 편익이 개인의 편익(사적 편익)을 초과하여 존재하게 됩니다. 그래프를 보면 사회적으로 거래되어야 하는 최적 생산량($Q_o$)에 비해서 실제로 시장에서 거래되는 양이 더 적다는 것을 알 수 있어요. 왜냐하면 긍정적인 효과를 누리는 다른 사람들이 그 혜택에 대해 대가를 지불하지 않기 때문에 당사자도 더 많이 거래할 필요를 느끼지 못하기 때문이에요.

앞에서 배운 이야기를 다시 예로 들어봅시다. 과수원 주인은 양봉업자가 더 많은 양의 벌을 키우기 원할 거예요. 하지만 양봉업자의 입장에서는 과수원 주인이 누리는 혜택만큼의 대가가 돌아오지는 않기 때문에 벌을 더 많이 키울 이유가 없겠지요. 사회적으로 원하는 최적 수준에 비해서 적게 거래된다는 것은 이와 같은 경우를 설명하는 것입니다.

그럼 공원이 조성될 경우는 어떨까요? 공원으로 인해 시민 모두가 혜택을 보기 때문에 그 수가 많을수록 좋을 거예요. 하지만 이를 이용하는 사람들이 아무도 비용을 지불하지 않기 때문에 누군가 선뜻 나서서 공원을 조성하려고 하지 않겠지요. 결국 증가한 사회적 후생의 크기만큼 적절한 보상이 이루어지지 않아서 문제가 발생하는 것입니다.

이러한 문제는 소비와 생산의 모든 경우에서 발생할 수 있는데, 사회적 최적 수준보다 적게 소비되거나 적게 생산되어 긍정적인 외부 효과를 일으킵니다. 이때 정부는 정책 장려금이나 보조금 등을 지급하여 사회적으로 최적의 수준까지 소비와 생산을 늘릴 수 있도록 유도함으로써 이 문제를 해결할 수 있답니다.

# 질병 예방은 필수!

다른 사람에게 전파되어 감염을 일으키는 질병은 사회적으로 인명 피해 및 경제적 손실을 가져옵니다. 최근 몇 년 전, 한국을 비롯한 전 세계에 신종 인플루엔자 A(H1N1)가 유행한 적이 있었고, 결핵 환자도 꾸준히 증가하고 있다고 합니다.

질병관리본부(http://www.cdc.go.kr)의 자료에 따르면, 신종 인플루엔자는 보통 독감이라고 불리는 인플루엔자 바이러스의 일종으로 사람, 조류, 돼지 인플루엔자 바이러스의 유전물질이 혼합되어 나타난 새로운 종류의 바이러스입니다. 이러한 신종 인플루엔자는 한때 전 세계를 공포에 몰아넣기도 했었지요.

결핵의 경우에는 지속적인 국가 차원의 관리에도 불구하고 한국이 OECD 가입국 중 결핵 발생률 및 사망률이 1위이며, 결핵으로 인한 사회 경제적 손실은 연간 약 8,000억 원이라고 합니다.

그렇다면 이러한 전염병으로부터 건강을 지키기 위해 우리는 어떻게 해야 할까요?

이를 위해서는 무엇보다 예방이 필수인데, 외출 후에 반드시 비누와 물로 손 씻기, 예방 접종 하기, 잘 먹고 규칙적으로 식사하며 자주 운동하기, 마스크 쓰기 등을 꾸준히 실천해야 합니다. 최근에는 손 세정제를 구매하여 수시로 손을 소독하는 사람도 많고, 식당이나 건물 등의 공공장소에도 누구나 사용할 수 있도록 비치되어 있는 경우가 대부분이랍니다.

손 세정제

그런데 이러한 행동들은 알고 보면 긍정적인 외부 효과와 관련이 있습니다. 신종 인플루엔자나 결핵은 유행성 독감처럼 바이러스에 의해 다른 사람들에게 옮겨지는 성질이 있어서 각자가 개인위생을 철저히 하고, 미리 예방접종을 하면 주변 사람들이 질병에 걸릴 위험이 그만큼 낮아지기 때문이지요. 하지만 이러한 노력에는 최소한의 비용이 든다는 점에 주목할 필요가 있어요. 특히 공공장소에 구비된 손 세정제는 누구나 자유롭게 사용하며 혜택을 누리지만 정작 비용은 이를 제공한 측에서 담당한다거나, 누군가 비용을 지불하고 예방 접종을 함으로써 주변 사람들에게 질병을 옮길 확률을 낮추는 경우가 이에 해당하지요.

# 부정적인 외부 효과

한 사람의 행동이 또 다른 사람에게 나쁜 영향을 주는 경우가 있습니다. 일상생활에서 발생할 수 있는 다양한 사례를 통해서 부정적인 외부 효과에 대해서 알아보도록 합시다.

탕탕탕

## 수능과 유명 대학교의 논술 연계

2005학년도 수능 (경제) 10번

여러분은 위층에서 쿵쿵거리며 뛰거나 못을 박는 소리, 한밤중에 개가 짖는 소리 때문에 소음에 시달린 경험이 있나요? 외부 효과는 이렇게 일상생활에서 사람들이 상호 작용하는 과정을 통해서 발생하는 경우가 많답니다. 특히 경제 활동 과정에서 한 개인이 다른 사람에게 손해를 끼치고 그에 대해 아무런 비용도 지불하지 않는 경우가 있지요. 이를 부정적인 외부 효과라고 하는데 오늘 세 번째 수업에서는 이에 대해서 살펴보겠습니다.

**교과서에는**

경제 활동 과정에서 다른 사람들에게 일방적으로 피해를 줄 때 부정적인 외부 효과가 발생하는데, 주변에 악취와 소음을 유발시키는 경우가 그 대표적인 사례입니다.

## 영화관에서 생긴 일

많은 사람들은 영화를 통해서 재미와 감동을 느끼기 위해 기꺼이 돈을 지불하고 영화관에 갑니다. 하지만 영화를 보며 뜻밖의 불쾌함을 느끼는 경우도 종종 있지요. 이렇게 다른 사람에게 피해를 끼치는 경우를 방지하기 위해서 영화 상영 전에는 어김없이 다음과 같은 일반적인 주의 사항이 제시됩니다.

- 핸드폰은 진동으로 바꾸거나 전원 OFF
- 앞사람의 좌석을 발로 차지 않기
- 사진이나 동영상 촬영 금지
- 옆 사람과의 대화는 조용히

"그래도 자기 마음대로 행동하는 사람들이 있어요."

"난 얼마 전에 영화를 보면서 주인공이나 줄거리에 대해 자꾸 큰소리로 이야기하는 사람 때문에 얼마나 화가 났는지 몰라."

"맞아. 영화관에 냄새나는 음식을 가지고 와서 소리 내며 먹는 사람들도 있어."

이러한 행동들은 다른 사람에 대한 예의를 지키지 않는 경우에 발생하지요. 이 밖에도 영화 상영 중에 큰 벨 소리가 울리거나 어두운 곳에서 휴대 전화 불빛을 밝히고 계속 문자를 보내는 행동은 다른 사람들에 대한 배려가 부족한 것이라고 볼 수 있습니다. 만약 이런 상황이 계속된다면 영화를 관람하는 많은 사람들이 큰 피해를 입게 될 것입니다.

이와 같이 누군가가 의도하지 않게 다른 사람에게 피해를 주면서도 이에 대해 아무런 대가도 지불하지 않는 현상을 부정적인 외부 효과라고 합니다. 많은 관객이 드나드는 영화관에서 예절을 제대로 지키지 않아서 다른 사람들에게 불쾌감을 준다면 그 때 발생하는 부정적인 외부 효과의 크기는 매우 클 것입니다. 영화관에서 에티켓을 지키는 것도 부정적인 외부 효과를 줄이는 행동이라는 사실을 꼭 기억하기 바랍니다.

## 조망권과 일조권을 보장하라!

우리는 누구나 쾌적한 환경에서 살고 싶다는 생각을 합니다. 한국의 헌법 제35조 제1항은 모든 국민은 건강하고 쾌적한 환경에서 생활할 권리를 가지며, 국가와 국민은 환경을 보존하기 위하여 노력하여야 한다고 규정합니다. 인간으로서의 존엄을 유지하기 위한 기본권 중의 하나로서 '환경권'을 천명하고 있는 것이지요. 그럼 이와 관련한 사례를 소개하겠습니다.

어느 지역에 아주 유명한 호텔이 있었어요. 그 호텔은 풍경이 아름다운 곳에 자리를 해서 관광객이나 인근 주민들에게 매우 인기가 많은 곳이었지요. 그런데 어느 날, 호텔 바로 옆에 새로운 빌딩이 건립되면서 문제가 발생했어요. 새로운 빌딩이 호텔의 창문을 모두 가리고 만 것입니다. 평소에 창밖의 경관이 아름답고 햇빛이 잘 들었던 호텔에서 관광객들이 더 이상 혜택을 누릴 수 없게 된 것이지요. 이에 호텔 주인은 빌딩 때문에 객실에 햇빛이 들어오지 않는다고 항의했지만 빌딩 주인은 자신의 재산권을 내세우며 한 치의 양보도 하지 않았어요. 결국 관광객과 호텔 주인만 피해를 입게 되었답니다.

위와 같은 경우는 우리 주변에서도 많이 찾아볼 수 있어요. 아래의 신문 기사는 한 지역의 일조권및 조망권을 둘러싼 법적 갈등을 보여줍니다.

**일조권**
햇빛을 받아서 쬘 수 있도록 보장하는 권리를 말하는데, 건물을 지을 때 가까운 건물에 거주하는 주민들이 일조권을 침해받지 않도록 고려해야 합니다.

**조망권**
건물에서 창밖의 경관을 볼 수 있는 권리를 말하며, 주로 역사 유적이나 자연과 같은 특별한 경관을 볼 수 있도록 합니다.

> 조망권을 보장하라!
> 일조권을 보장하라!
> ○○건물 시행사와 인근 주민과의 갈등
> 주민들 건립 저지를 위한 집회 결의!
>
> □□신문(2010. 10. 20)

요즘에는 조망권이나 일조권이 해석에 따라 법적으로 보호를 받고 있지만, 예전에는 그러한 권리가 명확하게 부여되지 않아서 여러 가지 문제가 발생하기도 했습니다. 왜냐하면 서로에게 명확한 권리가 부여되지 않았기 때문에 한쪽 상대방에 의해 의도하지 않은 손해가 발생했더라도 보상을 받을 수 없었기 때문입니다. 이런 경우도 부정적인 외부 효과의 좋은 사례가 된답니다.

# 흡연은 NO !

외부 효과를 이야기할 때 개인의 건강과 관련지어 생각해 볼 수 있는 것이 바로 '흡연 문제'입니다. 일상생활 속에서 흡연을 하지 않는 사람들이 담배 연기 때문에 불편을 겪는 경우가 매우 많기 때문이지요. 학생 여러분도 어른들의 담배 연기 때문에 목이 아프고 힘들었던 경험이 있지요? 특히 PC방과 같은 공간에서 어른들의 담배 연기가 청소년을 위한 비흡연자 공간까지 넘어 오는 경우가 굉장히 많았습니다. 지금은 법이 바뀌어 모든 공공장소가 금연구역이지만 여전히 간접흡연은 담배를 피우지 않는 비흡연자에게는 큰 피해를 주지요.

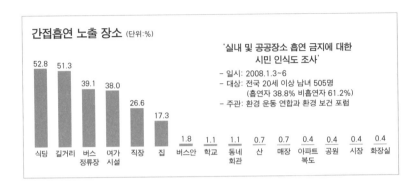

간접흡연 노출 장소 (단위:%)

'실내 및 공공장소 흡연 금지에 대한
시민 인식도 조사'

- 일시: 2008.1.3~6
- 대상: 전국 20세 이상 남녀 505명
  (흡연자 38.8% 비흡연자 61.2%)
- 주관: 환경 운동 연합과 환경 보건 포럼

| 식당 | 길거리 | 버스 정류장 | 여가 시설 | 직장 | 집 | 버스안 | 학교 | 동네 회관 | 산 | 매장 | 아파트 복도 | 공원 | 시장 | 화장실 |
|---|---|---|---|---|---|---|---|---|---|---|---|---|---|---|
| 52.8 | 51.3 | 39.1 | 38.0 | 26.6 | 17.3 | 1.8 | 1.1 | 1.1 | 0.7 | 0.7 | 0.4 | 0.4 | 0.4 | 0.4 |

2008년 환경 운동 연합과 환경 보건 포럼이 주관한 위의 조사에 따르면 간접흡연에 노출되는 장소로 식당과 길거리를 꼽은 사람이 가장 많았으며, 버스 정류장, 여가 시설, 직장, 그리고 집이 그 뒤를 이었습니다. 또한 응답자 중 절반이 넘는 사람들이 간접흡연으로 인해 일상에서 불편을 겪는다고 대답했으며, 비흡연자뿐만 아니라 흡연자의 37.6%도 간접흡연 때문에 괴로움을 당한다고 답했습니다.

이 조사는 다른 사람의 흡연으로 인해서 고통을 겪는 사람이 적지 않다는 사실을 알려줍니다. 심지어 응답자의 71.3%는 모든 공공장소에서 법률로 흡연을 금지시키는 것에 찬성 의견을 표시했다고 하니 간접흡연의 문제가 얼마나 심각한지 알 수 있겠지요?

그렇다면 흡연 문제를 다시 부정적인 외부 효과와 관련지어 생각해 봅시다. 앞에서 말한 것처럼 흡연이 허용된 공간에서 어떤 한 사람이 담배를 피우면 다른 비흡연자들은 불쾌감을 느끼게 됩니다. 이는 의도하지 않게 다른 사람에게 손해를 끼치는 경우로 부정적인 외부 효과의 대표적인 사례라고 볼 수 있어요. 담배를 피우는 사람들은 담배 연기로 인해 주변에서 피해를 입는 사람들에게 아무런 비용도 지불하지 않기 때문이지요.

그런데 흡연과 관련된 문제는 이러한 간접흡연의 문제 외에도 참 많답니다. 그중에서도 흡연으로 인해 질병이 발생하여 의료비가 증가하게 되는 경우를 들 수 있지요.

"그럼 건강을 위해서라도 담배를 피우지 말고 간접흡연도 피해야겠군요."

"그런데 요즘은 담배를 피우는 학생들이 점점 많아지고 있어서 걱정이에요."

좋은 지적입니다. 한창 성장할 시기에 담배와 같은 유해 물질은 정상적인 신체 발달을 저해하고 건강에도 좋지 않은 영향을 주지요. 일부 청소년들은 친구들에게 과시하기 위해, 혹은 호기심으로 담배를 경험하는 경우가 많은데 이 수업을 듣고 있는 학생들은 절대로 그런 일이 없었으면 합니다.

그럼 흡연으로 인한 또 다른 문제를 살펴볼까요? 만약 보험 회사가 흡연자들의 건강이 나빠져서 결국엔 의료비가 증가할 것으로 예상했다고 합시다. 이 경우 보험 회사에서 건강 관련 보험의 부가금을 책정하여 보험료를 높게 부과하기로 했다면 이를 부정정인 외부 효과로 볼 수 있을까요?

"높은 보험료를 부과한 대상이 누구냐에 따라 다를 것 같아요."

맞습니다. 흡연으로 인해 증가한 의료 비용을 다른 모든 보험 가입자가 나누어 부담하게 된 경우에는 부정적인 외부 효과가 발생한 것으로 볼 수 있습니다. 다른 보험 가입자들의 입장에서는 어떤 흡연자의 의료 비용이 증가하였다는 이유로 부당하게 경제적 손해를 입고 있기 때문이에요. 게다가 보험에 가입하지도 않은 흡연자의 의료 비용이 또 다른 제3자에게 전가되는 경우마저 생긴다면 그것 또한 부정적인 외부 효과라고 볼 수 있어요.

**전가**
자신의 책임을 다른 사람에게 떠넘기는 것을 말합니다.

그런데 만약 보험 회사가 단지 해당 흡연자에 대해서만 보험료를 높게 책정한다면 이는 당연한 것이므로 부정적인 외부 효과가 발생했다고 볼 수 없답니다.

그렇다면 이번에는 정부에서 제공하는 의료 보험에 대해서 알아봅시다. 위의 상황과 동일하게 흡연자의 건강 문제로 의료 보험료가 높아졌다고 합시다. 이 경우에도 높아진 보험료는 담배를 피우지 않는 다른 사람들이 나누어 부담하게 됨으로써 부정적인 외부 효과가 발생할 수 있습니다. 왜냐하면 늘어난 의료 비용을 해결하기 위해 정부는 세금을 늘리려고 할 것이고, 결국 사회 구성원들이 이를 함께 부담해야 하기 때문이지요.

이 밖에도 흡연은 화재를 일으키는 요인이 되기도 합니다. 작은 담뱃불도 얼마든지 대형 화재로 이어질 수 있기 때문이지요. 이렇게 발생한 화재는 많은 사람들에게 엄청난 경제적 피해와 고통을 주며, 화재의 진

담뱃불이 원인으로 추정되는 화재현장을 소방대원들이 진압하고 있습니다.

압 과정에서도 많은 비용이 발생할 수 있습니다. 하지만 그 비용을 누구도 지불하지 않기 때문에 부정적인 외부 효과가 발생하게 됩니다. 이처럼 다른 경제 주체에게 큰 피해를 주는 부정적인 외부 효과가 발생하면 얼마나 많은 사회적 비용이 초래되는지 함께 생각해 볼 필요가 있습니다.

## 지구 온난화의 주범은?

부정적인 외부 효과는 지구 온난화로 대표되는 환경 문제와 같이 우리가 생각하는 것보다 훨씬 더 큰 규모의 문제로 이어질 수 있습니다. 지금부터는 지구 온난화 문제를 사람들의 경제 활동과 관련하여 살펴볼 테니 잘 들어 보세요.

**교과서에는**

지구가 온실가스 배출 때문에 열병을 앓고 있어요. 우리의 이기심 때문에 더 이상 환경을 파괴해서는 안 돼요.

　　여러분은 자동차에서 이산화탄소가 많이 배출되면 환경에 어떤 영향을 미칠지 생각해 본 적이 있나요? 이산화탄소의 배출량이 증가하게 되면 지구 온난화 현상이 나타나는데, 이는 우리나라뿐만 아니라 다른 나라에

**이산화탄소**

생물들이 호흡하거나 발효할 때 생기는 기체를 말하며, 탄소나 화합물이 연소될 때 발생하기도 합니다.

도 영향을 주게 되지요. 이때 지구 온난화란 대기 오염을 비롯한 여러 가지 이유로 지구 표면의 평균 온도가 상승하는 것을 말합니다.

　　최근에는 이러한 기온 상승으로 북극의 빙하가 녹아내리고 있으며, 100년 이내에 방글라데시, 그리고 남태평양 적도의 투발루와 같

은 여러 작은 섬나라들이 바다 속으로 사라질 수도 있다고 합니다.

이 때문에 서른여덟 개의 선진국들이 1997년, 「교토의정서」에서 2010년까지 온실가스의 배출을 1990년 수준의 5%까지 감축하는 데 동의하였답니다. 이로써 지구 온난화 문제를 해결하기 위한 전 지구적인 차원의 노력이 시작된 것이지요.

그런데 이렇게 문제가 심각하다는 것을 알면서도 왜 많은 사람들이 자동차의 사용을 줄이지 않는 것일까요?

**온실가스**
땅에서 복사되는 에너지를 일부 흡수함으로써 온실 효과를 일으키는 기체를 말하며, 지구의 대기 속에 존재하는 이산하탄소, 메탄, 이산화질소 등이 주를 이룹니다.

"자동차를 타면 어디든 편하게 갈 수 있어서 좋아요."

맞아요. 사람들은 편하게 이동하면서 효용을 얻기 때문에 자동차를 계속 이용하게 됩니다. 또한 그것이 비록 환경을 오염시키는 행동이라고 해도 그로 인해 얻는 효용이 더 크기 때문에 중단할 필요를 느끼지 못하는 것입니다. 특히 환경 문제의 특성상 피해가 당장 눈앞에 나타나는 것이 아니기 때문에 많은 사람들이 남의 일로 여기기 쉽지요. 자신의 효용을 높이고자 한 행동이 결국 지구의 환경에 심각한 피해를 끼치고 있는 것입니다.

한편 지구 온난화의 주범이 집에서 키우는 소나 양, 염소와 같이 되새김질을 하는 가축, 즉 반추 동물이라는 주장도 있습니다. 반추 동물은 소화 과정에서 음식물이 발효되면서 메탄가스가 발생하여

**교과서에는**
사람들은 자동차를 운전하는 과정에서 지불하게 될 개인적인 비용과 그로 인해 얻게 되는 편리함을 비교하여 차의 운행 시간을 결정합니다.
하지만 주변 사람들이 배기가스로 인해 느끼는 고통과 환경 오염에 대해서는 전혀 고려하지 않기 때문에 차의 운행 시간을 줄이려고 하지 않는 것입니다.

트림이나 방귀를 통해 배출되는 것이 특징입니다.

소가 목축되는 과정에서 배출되는 메탄가스가 지구 온난화의 주범이 됩니다.

물론 학생들 중에는 이를 통해 발생하는 메탄가스의 양이 많지 않다고 생각하는 사람도 있을 거예요. 하지만 소가 배출하는 메탄가스가 이산화탄소보다 지구 온난화에 미치는 영향이 크다고 합니다. 실제로 소 한마리가 연간 배출하는 메탄가스는 약 47kg으로 이산화탄소로 환산하면 1,109kg에 달합니다. 특히 젖소는 무려 연간 2,860kg의 이산화탄소를 배출하는 것으로 알려져 있습니다.

그럼에도 불구하고 목축되는 소나 양, 그리고 염소가 점점 많아지는 이유는 그만큼 수요가 많기 때문입니다. 세계적인 경제학자이자 문화 비평가인 제레미 리프킨(Jeremy Rifkin)은 「육식의 종말Beyond Beef」이라는 책에서 인간의 욕심으로 쇠고기 소비량이 늘어나고 있다고 보고, 이를 줄여야 환경을 보호하고 세계의 기아 문제를 해결할 수 있다고 주장하고 있습니다.

또한 2007년 노벨 평화상을 수상했던 IPCC(기후 변화에 관한 정부 간 패널)의 의장 라젠드라 파차우리의 말에 따르면 쇠고기 1kg을 생산하는 과정에서 이산화탄소 36.4kg이 발생하는데, 이는 승용차 250km를 주행하거나 100w 전구를 20일간 켜놓은 것과 같은 양이라고 합니다. 사람들의 육식 섭취가 늘수록 환경 문제가 더 많이 발생할 수 있다는 것을 말해 주지요.

이처럼 우리가 행하는 많은 일들 중에는 의도하지 않게 환경을 오염시켜서 지구를 병들게 하는 경우가 많답니다. 그럼 지금부터 환경 오염으로 인한 부정적인 외부 효과에 대해서 그래프로 정리해 봅시다.

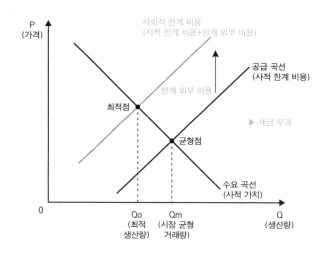

위의 그래프에서 쇠고기에 대한 소비자의 수요는 우하향하는 수요 곡선이며 공급은 우상향하는 공급 곡선입니다. 정부의 개입이 없는 상태일 때 시장에서 거래되는 쇠고기의 균형 가격은 우상향하는 공급 곡선과 우하향하는 수요 곡선이 만나는 균형점에서 결정되는데 이때 거래된 수량을 시장 균형 거래량(Qm)이라고 해요.

그런데 소가 배출하는 메탄가스는 환경 오염을 일으키므로 이로 인한 **사회적 비용**이 목축업자가 치르는 사적 비용보다 크게 됩니다. 그래프에서 제시된 것과 같이

**사회적 비용**
생산자가 재화를 생산할 때, 생산자를 포함한 사회 전체가 부담하게 되는 비용을 말합니다.

사회적 비용 곡선이 공급 곡선(사적 한계 비용 곡선) 보다 위쪽에 위치하는 것은 소의 목축 과정에서 발생한 외부 비용을 반영했기 때문이에요. 이렇게 기존의 공급 곡선을 한계 외부 비용만큼 위쪽으로 이동시킨 사회적 한계 비용 곡선과 수요 곡선이 만나는 지점에서 사회적 최적 생산량($Q_0$)을 구할 수 있답니다.

이를 통해 사회적으로 거래되어야 할 최적 수준에 비해서 실제로 시장에서 거래되는 양이 더 많다는 것을 알 수 있어요. 부정적인 외부 효과 때문에 시장에서 자원이 비효율적으로 배분되는 문제가 발생한 거예요. 하지만 목축업자는 환경 오염으로 인한 사회적 비용을 따로 지불하지 않기 때문에 굳이 생산을 줄일 필요를 느끼지 못하는 것입니다.

이를 해결하기 위해서 정부는 부정적인 외부 효과를 일으키는 주체에게 세금을 부과시키는 등의 방법으로 대가를 지불하게 합니다. 이로써 소비나 생산을 적정 수준까지 줄이도록 유도하여 문제를 해결해 나가는 것입니다.

탁

무슨 일 있어?
표정이 왜 그래?

하루종일 부정적인
외부 효과에 시달렸어.

부정적인
외부 효과?

학교 가는 전철에서는
덩치 큰 형이
앞을 가려서

무슨 역인지 제대로
볼 수가 없었고,

찰칵

영화관에서는
뒷사람이
발로 차고,

사진까지
찍더라고.

툭          툭

PC방에서는 옆에서
담배를 피우는 아저씨
때문에 내내 시달렸어.

아하!
다른 사람의
행동으로
의도하지 않은
피해를
입었구나.

맞아. 부정적인
외부 효과!

하지만 이건
너무하잖아.

내가 얼마나
기분이

부정적인
외부 효과!
너무 싫어!

나빴는지
몰라.

어떻게
이럴 수가
있지?

시끄
러워!

너의 투덜거림에
내가 스트레스
받는 것도 부정적인
외부 효과겠지?

그 정도였어?
헤헤헤.

# 외부 효과 해결하기

자원의 비효율적인 배분을 초래하는 외부 효과는 어떻게 해결할 수 있을까요? 당사자 간의 협상으로도 그 해결이 가능하다는 코즈의 정리는 무엇인지 함께 알아봅시다.

## 수능과 유명 대학교의 논술 연계

# 외부 효과는 시장 실패래요!

시장에서는 가격 기구에 의해 생산과 소비가 결정되며 이에 따라 자원도 효율적으로 배분됩니다. 하지만 시장 실패가 나타나면 시장이 더 이상 자원을 효율적으로 배분하지 못하여 결함이 발생하게 되지요.

경제학자 바토(Francis Bator)는 1958년 8월, '시장 실패의 해부학(The Anatomy of Market Failure)'이라는 논문에서 불완전 경쟁, 공공재, 그리고 지금까지 우리가 살펴본 외부 효과가 시장 실패를 초래하는 요인이라고 설명하였습니다.

그렇다면 이러한 시장 실패는 어떻게 해결할 수 있을까요? 앞의 수업에서 다루었던 사례를 바탕으로 간단히 살펴보도록 합시다.

그럼 긍정적인 외부 효과가 발생한 경우부터 볼까요? 새롭게 신축되는 아파트 단지에 아름다운 공원이 조성되면 아파트 주민뿐만 아니라 인근 주민들도 모두 자유롭게 즐길 수 있을 거예요. 그런데 단지 내에 공원이 조성된다는 이유로 더 비싼 값을 지불하고 입주한 아파트 주민의 입장에서 보면, **무임승차**의 문제가 발생합니다. 그래서 현실에서는 아파트에 입주하는 주민만이 공원을 이용할 수 있도록 제한을 두어 이 문제를 해결하지요.

**무임승차**
차비를 내지 않고 차를 타는 행위를 말하며 일반적으로는 어떠한 혜택을 입으면서도 비용을 지불하지 않는 경우를 의미합니다.

아름다운 공원을 지역 주민 모두가 이용할 수 있을 만큼의 대규모로 만들지 않는 이유도 역시 마찬가지입니다. 대규모의 공원을 조성하기 위해서는 해당 아파트 주민들이 추가 비용을 부담해야 합니다. 하지만 인근 주민들로부터 아무런 보상을 받지 못할 것을 알기에 아무도 이를 원치 않는 것입니다. 그래서 정부가 나서서 지역마다 공원을 조성해 주기도 한답니다.

이와 같은 사례로 거리의 아름다운 건물도 긍정적인 외부 효과의 문제를 가진다는 사실을 기억하나요?

"네. 그런데 가끔씩 뉴스에서 그러한 건물이 많이 훼손되어 있다는 소식을 들은 적이 있어요."

"그렇게 아름다운 건물을 왜 아무도 관리하지 않던 거예요?"

실제로 그러한 건물의 소유자나 이를 이용하는 사람들은 건물을 잘 관리하더라도 별 이득이 없다고 생각했을 거예요. 그래서 관리에 신경을 쓰지 않고 방치해서 건물이 훼손이 되는 경우가 많았던 것입니다.

이렇게 역사적인 건물 중에 소유자가 불분명한 경우에는 국가가 나서서 관리하는 것이 대부분입니다. 예를 들어 역사적 건물의 훼손을 법적으로 금지하거나, 환경 개선 사업을 펼치고 편의 시설을 제공하는 등의 직접적인 혜택을 제공하는 방법이 있습니다. 또 건물의 유지 및 관리 비용에 대해 어느 정도의 세금 혜택을 줌으로써 문제를 해결하기도 하지요.

한편 아파트 단지 내의 개 짖는 소리나 층간 소음 문제로 이웃에게 큰 불편을 주는 것은 부정적인 외부 효과를 발생시키는 경우입니다. 이에 대해 정부는 주민들을 교육하거나 법적으로 소음을 일으키는 행위를 금지함으로써 문제를 해결하기도 합니다.

이 밖에도 자동차의 배기가스로 인한 환경 오염 문제를 해결하기 위해서 정부가 나설 수 있습니다. 규제가 없으면 누구나 환경에 대한 고민 없이 대기를 오염시킬 수 있기 때문입니다. 이를 위해, 자동차를 생산 할 때 처음부터 배기가스 허용 기준에 맞게 생산하도록 규제하는 방법이 있습니다. 또한 자동차의 연료인 휘발유나 경유에 세금을 부과하여 이에 대한 소비를 억제하고자 유도하기도 하지요.

정부는 이렇게 외부 효과를 해결하기 위해서 다양한 노력들을 하는데 이러한 정부의 개입은 시장 실패에 대한 일반적인 해결책으로

**교과서에는**

시장에서 이루어지는 자원의 배분에 문제가 생겨서 정부가 직접 개입하는 것은 시장의 실패를 보완하여 자원을 보다 효율적으로 배분하려는 데 목적이 있습니다.

**재산권**

한 개인이나 단체가 경제적인 이익을 목적으로 누리는 권리를 말합니다.

여겨지고 있습니다.

하지만 이와 관련하여 1960년에 발표한 「사회적 비용의 문제」라는 논문에서 "재산권이 확립되어 있고 가격 기구가 비용 없이 작동한다면 법이나 제도와는 상관없이 생산 가치를 극대화하는 방향으로 자원의 이용이 이루어진다."는 이론을 제시했지요. 정부가 개입하지 않아도 당사자 간의 합의를 통해서 충분히 외부 효과를 해결할 수 있다고 주장한 거예요. 그럼 지금부터 민간 경제 주체들이 외부 효과에 대해서 어떻게 대응하는지 알아봅시다.


## 우리끼리 해결한다면?

18세기 후반에는 석탄을 연료로 하여 달리는 증기 기관차가 주요 교통수단이었습니다. 때문에 마을을 가로지르는 긴 철로가 많았고, 철로의 주변은 경작지가 대부분이었습니다.

당시 증기 기관차의 위력은 대단했지만 열심히 달릴수록 엔진에 문제가 생겨서 바퀴에 불꽃이 생긴다는 단점이 있었습니다. 그래서 철로 위를 달리던 기차 바퀴에서 불꽃이 생기면 기찻길 주변 풀숲에 불이 붙어서 경작지가 모두 불에 타는 일이 자주 발생하곤 했답니다.

하지만 이렇게 위험한 상황에서도 철도 회사가 스스로 엔진을 교체하지 않은 이유는 다름 아닌 비용 문제였습니다. 외부 효과의 특

성상 철도 회사가 스스로 비용을 지불하면서까지 사고를 예방할 필
요를 느끼지 못한 것이지요.

이러한 경우, 농부와 철도 회사가 직접 협상하여 기차의 엔진을
교체할 수 있도록 하는 방법을 생각해 볼 수 있습니다. 만약 철도 회
사에서 기차의 불씨를 배출할 권리가 있고, 농부의 피해액이 철도
회사에서 지불해야 할 엔진의 교체 비용보다 크다고 가정해 봅시다.

이때 농부는 자신의 손해가 너무 크기 때문에 엔진을 교체하는
데 드는 비용을 제안하며 협상을 시도할 거예요. 그러면 철도 회사
역시 그 제안을 받아들여 교체 비용을 받고 엔진을 교체하겠지요.

철도 회사의 입장에서는 농작물에 입힌 피해에 대한 책임으로 법정 싸움을 하거나, 정부에 의해 엔진의 사용 금지 처분을 받게 되는 것보다는 협상을 받아들이는 것이 훨씬 효율적이기 때문이에요.

그렇다면 반대로 농부에게 철로변의 토지를 경작할 권리가 있고, 농부의 피해액에 비해 철도 회사가 들이는 엔진의 교체 비용이 더 크다고 가정해 봅시다. 이때 농부의 피해액이 농부의 소득과 같다면 철도 회사는 농부에게 농사로 인해 얻는 이득만큼을 보상해 주고 농사를 짓지 않도록 하는 것이 경제적일 거예요. 농부도 농사로 예상되는 소득을 보상받았기 때문에 기차의 운행을 중지시킬 이유가 없고, 철도 회사도 피해액보다 더 많은 비용을 들여서까지 엔진을 교체할 이유가 없기 때문이지요.

이렇게 외부 효과가 존재하더라도 당사자 간의 자발적인 협상을 통해서 자원 배분의 효율성은 항상 달성될 수 있어요. 다시 말해, 경제 주체들이 자원 배분 과정에서 아무런 비용을 지불하지 않고 협상을 할 수 있다면, 외부 효과로 인해 초래되는 비효율성을 그들 스스로 해결할 수 있다는 것이지요.

이때 법적 권리가 누구에게 있는가와는 무관하게 당사자들은 항상 협상을 통해 모두에게 이득이 되는 효율적인 결과에 도달할 수 있답니다. 물론 협상 과정에서 거래 비용이 많이 발생한다면 농부와 철도 회사의 협상은 이루어지지 않을 가능성이 크겠지요. 거래 비용과 관련하여서는 뒤에서 다시 알아보기로 해요.

지금까지의 이야기를 통해서 당사자들의 자발적인 협상이 외부 효과를 해결하는 데 중요한 방법이 된다는 것을 알 수 있겠지요? 외부 효과가 존재하더라도 당사자들 간의 이익이나 가치를 극대화하는 쪽으로 자원 배분이 이루어짐으로써 보다 효율적으로 문제를 해결할 수 있기 때문이지요. 하지만 협상 과정에서 지나치게 자신의 이익만을 추구한다면 어떻게 될까요?

만일 농부들이 자신의 이익만을 추구하여 철도 회사에 무리한 요구를 한다면 협상은 이루어지지 않을 것입니다. 또한 피해를 보상받기 위해 농부들이 무조건 철로를 막고 기차가 다니지 못하게 한다면 기차를 이용하는 사람들도 큰 피해를 입게 되겠지요.

이와 비슷한 경우로 어떤 한 기업주가 자신의 이익만을 생각하여 환경 정화 시설을 설치하지 않고 공해 물질을 배출하였다면 어떻게 될까요? 환경이 오염되어 많은 사람들이 피해를 보게 될 것입니다. 결국 훼손된 환경을 복구하기 위해 더 많은 비용을 사회 구성원들이 함께 부담하게 되겠지요. 지나치게 자신의 이익만을 생각하게 되면 사회적 갈등은 물론, 사회 전반적으로 경제적 비효율의 문제가 더 크게 발생하게 되는 것입니다. 그럼 지금부터 효율적인 협상 과정에 대해서 좀 더 자세히 알아봅시다.


## 농부와 목장 주인의 협상

어느 시골에 농경지와 목장이 함께 이웃하여 지내는 마을이 있었습니다. 목장 주인은 양질의 고기를 생산하기 위해 들녘에서 방목을 하였어요. 그리고 농부는 시장에 내다 팔 생각으로 더운 여름 내내 다양한 채소를 열심히 키웠지요.

그러던 어느 날, 농부는 농장이 엉망이 된 것을 발견하고 매우 화가 났습니다. 목장의 소들이 자꾸 농장으로 넘어와 채소를 먹어치웠기 때문이에요. 그래서 농부는 목장 주인에게 방목으로 인한 피해를 줄여 달라고 요청했지요. 하지만 목장 주인은 자신도 어쩔 수 없이 소를 방목할 수밖에 없다며 거절하고 말았습니다.

결국 농부는 소들이 더 이상 자신의 농장으로 넘어오지 못하도록 담장을 설치하기로 마음먹었어요. 하지만 담장 설치에도 만만치 않은 비용이 들어간다는 것을 알게 되자 큰 고민에 빠졌답니다.

여러분, 위의 이야기에서 농부와 목장 주인에게 어떤 문제가 발생했습니까?

"목장의 소들 때문에 농부가 큰 피해를 입고 있어요."
"하지만 목장 주인도 의도적으로 피해를 준 것은 아니기 때문에 어떻게 해결해야 할지 잘 모르겠어요."

위의 이야기는 목장의 소들이 농가에 손실을 줌으로써 부정적인 외부 효과가 발생한 사례입니다. 하지만 농부와 목장 주인 중 어느 한쪽도 생계를 위해서는 일을 그만둘 수 없기 때문에 담장을 설치하는 것이 가장 좋은 방법이라고 할 수 있지요. 그렇다면 그 비용은 누가 부담해야 하는 것일까요?

"농부에게 채소를 경작할 권리가 있다면 목장 주인이 비용을 부담해야 해요."
"하지만 목장 주인에게 소를 방목할 권리가 있을 수도 있잖아."

두 사람 모두 좋은 대답을 해 주었어요. 이 문제를 해결하려면 먼저 그 땅에서 어떤 행위를 할 수 있는 권리, 즉 재산권이 누구에게 있느냐를 알아보아야 합니다. 이 경우에는 목장 주인에게 방목권을 부여할 것인지 아니면 농부에게 경작권을 부여할 것인지를 확인해야 해요. 물론 어떤 경우라도 자원의 이용이 효율적으로 이루어진다는 사실에는 변함이 없습니다. 이를 좀 더 자세히 설명하기 위해서는 거래 비용이라는 개념을 알아야 합니다.

> **방목권**
> 소와 같은 가축을 들이나 산에서 자유롭게 풀어서 키울 수 있는 권리를 말합니다.
>
> **경작권**
> 논이나 밭을 일구어 농작물을 키울 수 있는 권리를 말합니다.

"선생님, 거래 비용이란 뭔가요?"
"음, 어떤 거래를 할 때 드는 비용? 하하, 잘 모르겠어요."

아주 틀린 말은 아니에요. 지금부터 자세히 설명할 테니 잘 들어 보세요. 거래 비용이란 용어는 내가 1937년에 발표한 「기업의 본질」이라는 논문에서 처음 사용했어요. 기업은 일반적으로 제품과 서비스를 생산하고 유통하며 판매하는 일을 하지요. 나는 이러한 과정에서 반복적으로 들어가는 비용, 즉 거래 비용을 절감하기 위해 기업이 조직된다고 보았습니다. 개인들이 시장에서 1:1로 거래하는 과정에서 발생하는 비용보다 기업을 조직하고 유지하는 데 들어가는 비용이 오히려 적기 때문에 기업이 존재한다고 주장한 거예요.

그렇다면 거래 행위에 수반되는 비용은 구체적으로 어떤 것이 있을까요? 먼저 거래에 필요한 정보를 탐색하거나 거래에 적합한 상대자를 찾는 데 비용이 들겠지요. 그리고 거래 당사자 간에 가격을 흥정할 때에도 그 방법에 따라 다양한 비용이 들거예요. 또한 거래에 필요한 정보 수집과 처리, 계약의 전반적인 사항들이 잘 지켜지고 있는가를 확인하는 등의 이행 과정에도 비용이 들어갑니다. 이러한 모든 경우에 발생하는 비용을 거래 비용이라는 단어로 표현한 것입니다.

"그런데 거래 비용이 왜 중요한 거예요?"
"맞아요. 지금은 농부와 목장 주인이 협상을 해야 하잖아요?"

바로 그겁니다. 지금은 당사자인 농부와 목장 주인 간의 협상이 필요한 시점이지요. 그런데 그 협상이 합리적으로 이루어지려면 두 사람이 협상하는 과정에서 거래 비용이 발생하지 않는다는 전제가 필요하답니다.

그럼 이제 목장 주인의 권리인 방목권을 인정한 경우를 생각해 봅시다. 방목권이 인정된다는 것은 목장 주인에게 피해 곡식에 대한 배상 책임이 없다는 뜻이기도 하지요. 그래서 목장 주인은 자신의 소들이 인근 농가에 주는 피해를 고려하지 않고 소의 수를 늘려 나갈 거예요.

목장 주인은 이렇게 소를 한 마리씩 늘릴 때마다 만족을 얻게 되는데 그때 추가적으로 늘어나는 만족의 크기, 즉 한계 편익이 0이 될 때까지는 소의 수를 계속 늘릴 것입니다. 만약 소를 여섯 마리 늘렸을 때 한계 편익이 0이 된다면 그 이후에는 소의 수를 늘리지 않는 것이 경제학적으로 합리적인 선택이기 때문이에요.

"나라면 최대한 많은 소를 키울 것 같아요."
"맞아요. 목장 주인에게 소는 많을수록 좋은 것 아닌가요?"

물론 그렇게 생각할 수 있어요. 하지만 우리가 어떤 행위를 할 때 만족, 즉 효용이 계속해서 늘어나는 것은 아닙니다. 만약 여러분이 좋아하는 아이스크림을 먹는 경우를 생각해 보세요. 아이스크림을 처음 한 개 먹었을 때는 시원하고 맛있다는 생각에 큰 만족을 느낄 수 있을 거예요. 하지만 계속해서 먹는다면 어떨까요? 아이스크림이 하나씩 늘어갈 때마다 느끼는 만족감은 점점 줄어들 거예요. 나중에는 배도 부르고 차가워서 맛이 느껴지지 않을 수도 있지요.

"맞아요. 저는 예전에 배탈까지 나서 크게 고생한 적이 있어요."

　그래요. 처음에는 만족을 주었던 행동도 계속 반복하면 고통을 주기 마련이지요. 목장 주인도 소가 한 마리 있는 것보다는 더 많이 있는 것이 좋겠지만 일정한 수가 넘어가면 결국 감당하기 힘들어질 거예요. 너무 많은 소는 목장 주인에게 오히려 고민거리를 가져다 줄 수 있기 때문이에요.

　그래서 한계 편익을 고려하지 않으면 처음에는 이익을 주는 행위도 일정 수준이 넘으면 손해를 끼치는 상황으로 변할 수 있답니다. 이때 손해가 되는 경계가 바로 한계 편익이 0인 지점이에요. 따라서 합리적인 목장 주인은 한계 편익이 0이 되는 지점까지만 소의 수를 늘리는 것입니다.

아래의 표에 따르면 소의 수가 여섯 마리가 될 때 목장 주인의 한계 편익이 0이 되므로 그 이상으로는 소의 수를 늘리지 않을 거예요. 여섯 마리가 넘어가면 한계 편익이 0이하가 되어 총 편익도 줄어들기 때문이지요.

**목장 주인의 한계 편익과 총 편익**

| 소 마리 수 | 0 | 1 | 2 | 3 | 4 | 5 | 6 | 7 | 8 | 9 | 10 | 11 | 12 | … |
|---|---|---|---|---|---|---|---|---|---|---|---|---|---|---|
| 한계 편익 | 0 | 7 | 5 | 3 | 2 | 1 | 0 | -1 | -2 | -3 | -5 | -7 | -9 | … |
| 총 편익 | 0 | 7 | 12 | 15 | 17 | 18 | 18 | 17 | 15 | 12 | 7 | 0 | -2 | … |

반면 농부의 입장에서는 소의 수가 최대한 적을수록 농작물에 대한 피해가 줄어들 거예요. 소가 많을수록 더 많은 농작물을 먹어치울 테니까요. 만약 농부가 고민 끝에 목장 주인에게 소의 수를 줄여 달라고 요구한다면 어떻게 될까요?

"목장 주인은 여섯 마리의 소를 키울 때가 가장 만족스럽기 때문에 줄이지 않을 것 같아요."

맞아요. 위의 표에서 맨 아래 칸의 총 편익을 보세요. 한계적으로 늘어나는 편익들이 모두 합해져서 여섯 마리의 소를 키울 때 18로

가장 큰 총 편익을 얻게 된다는 것을 알 수 있지요. 결국 농부의 요구를 들어주게 되면 목장 주인의 만족은 줄어들기 때문에 받아들여지지 않을 거예요. 그렇다면 어떻게 해결해야 할까요?

"두 사람 모두에게 이익이 되도록 협상을 해야 할 것 같아요."
"목장 주인이 소를 한 마리씩 줄일 때마다 농부가 사례금을 주는 것은 어떨까요?"

좋은 생각이에요. 그럼 지금부터 농부와 목장 주인의 협상 과정을 알아봅시다. 먼저 아래의 표에서 농부의 **한계 비용**을 보세요. 소의 수가 늘어날수록 농부가 부담해야 하는 한계 비용이 커지는 것을 알 수 있어요. 그런데 지금은 목장 주인에게 방목권이 있으므로 농부가 사례금을 주면서 협상을 해야 하는 상황이에요. 이런 경우에는 두 사람의 한계 편익과 한계 비용을 따져보아야 해요. 왜냐하면 한계 편익에 비해서 한계 비용이 더 클 때 사례금을 지불할 용의가 생기기 때문이에요.

**한계 비용**
생산자가 생산물 한 단위를 추가로 더 생산할 때 필요한 생산비의 증가분을 말합니다.

### 목장 주인의 한계 편익과 농부의 한계 비용

| 소 마리 수 | 0 | 1 | 2 | 3 | 4 | 5 | 6 | 7 | 8 | 9 | 10 | 11 | 12 | ⋯ |
|---|---|---|---|---|---|---|---|---|---|---|---|---|---|---|
| 한계 편익 (목장 주인) | 0 | 7 | 5 | 3 | 2 | 1 | 0 | −1 | −2 | −3 | −5 | −7 | −9 | ⋯ |
| 한계 비용 (농부) | 0 | 1 | 3 | 3 | 5 | 5 | 7 | 5 | 3 | 1 | 0 | 0 | 0 | ⋯ |

앞의 표에서 농부의 한계 비용이 목장 주인의 한계 편익보다 큰 경우는 소의 수가 네 마리 이상인 경우입니다. 또한 목장 주인은 한계 편익이 0이 되는 지점인 여섯 마리까지만 소를 늘릴 수 있지요. 결국 협상이 가능한 것은 네 마리에서 여섯 마리 사이의 지점이 될 것입니다.

만약 소가 여섯 마리인 경우, 목장 주인은 농부의 요청을 받아들여서 소를 한 마리씩 줄여 갈 수 있어요. 물론 이로 인해 목장 주인이 손해를 보는 만큼 농부가 사례금을 지불해야겠지요.

"그럼 농부가 목장 주인에게 돈을 많이 주면 소를 한 마리도 못 키우게 할 수도 있겠네요?"

아니지요. 앞에서도 이야기했듯이 농부의 한계 비용이 목장 주인의 한계 편익보다 클 때만 사례를 지불할 수 있어요. 소가 세 마리 이하일 때는 농부의 한계 비용이 목장 주인의 한계 편익보다 작기 때문에 거래가 이루어지지 않을 거예요. 따라서 농부는 소가 여섯 마리일 때부터 네 마리가 되는 이 구간에서, 목장 주인이 소의 수를 줄이고서도 동일한 편익을 느낄 수 있도록 한계 비용의 일부를 사례금으로 제시할 수 있답니다.

반대로 피해 곡식에 대해 목장 주인이 배상의 책임을 물어야 하는 경우, 즉 농부의 경작권을 인정한 경우를 생각해 봅시다.

목장 주인은 방목권이 없기 때문에 초기에는 소를 한 마리도 기를 수 없어요. 하지만 목장 주인의 한계 편익이 농부의 추가적인 피해액보다 높을 경우에 농부에게 피해액만큼을 보상한다면 두 사람 간의 협상이 이루어질 수 있을 거예요. 이를 통해서 목장 주인은 소를 키울 수 있게 되고, 농부는 목장 주인으로부터 피해액 이상의 보상금을 받게 됨으로써 문제를 해결할 수 있답니다.

그럼 지금까지 살펴본 농부와 목장 주인의 협상을 다시 정리해 봅시다. 협상을 거쳐 최대로 줄일 수 있는 소의 수는 목장 주인의 한계 편익과 농부의 한계 비용이 일치하는 지점에서 결정됩니다. 그런데 주어진 한계 편익과 한계 비용은 변함이 없으므로 목장 주인에게 방목권이 부여되든 농부에게 경작권이 부여되든 항상 같은 결과를 가져옵니다. 그저 누가 누구에게 사례금을 얼만큼 주느냐 하는 것만 다를 뿐인 거지요. 중요한 것은 거래 당사자 누구에게 어떤 재산권을 부여하더라도 자원의 효율성은 항상 달성된다는 점이에요.

"그만큼 개별적 협상이 중요하다는 거죠?"

맞아요. 이렇게 거래 비용이 없는 경우(거래 비용=0), 법이나 제도를 통한 해결보다는 각 주체들 상호 간의 사적 협상으로 외부 효과의 문제를 해결할 수 있어요. 당사자들 간의 자발적인 협상을 통해 자원 배분의 효율성을 충분히 이뤄 낼 수 있는 거지요.

이러한 나의 주장은 시카고 대학의 경제학자들로부터 강력한 지지를 받았어요. 그리고 조지 스티글러(George Joseph Stigler) 교수님에 의해 공식화되어 '코즈의 정리(Coase theorem)'라는 이름이 붙여졌지요. 이 이론은 지금까지 여러 교과서와 경제학 책에 소개되고 있답니다. 보통 '정리'라고 하면 수학에서 이야기하는 방정식이나 계산식 등이 나와야 하지만 내 글에는 그런 방정식이나 계산식이 없어요. 그럼에도 나의 이론을 그렇게 부르는 이유는 조지 스티글러 교수님이 내 주장을 '아이디어'보다는 정리라고 부르는 것이 좋겠다고 했기 때문입니다.

**조지 스티글러**
산업구조학과 정보경제학, 규제 경제학 등의 발전에 기여한 미국의 경제학자입니다.

## 외부 효과의 해결을 위한 정부의 노력

코즈의 정리는 경제 주체 간의 협상 과정에서 거래 비용이 존재하지 않는다고 가정합니다. 하지만 우리 현실 경제에서는 협상을 하는 과정에서 많은 거래 비용이 존재하기 때문에 효율적인 협상에 어려움이 있어요. 특히 막대한 거래 비용이 발생하게 될 경우, 사적인 협상만으로는 외부 효과 문제를 해결할 수 없을 거예요.

예를 들어 환경 오염 문제와 같이 당사자들 간의 의사소통 과정에 관련된 사람의 수가 많으면 거래 비용은 점점 높아지겠지요. 또한 고액 변호사를 고용해서 합의서를 작성해야 한다거나, 협상 과정에서 양측이 버티기를 하며 협상을 지연시켜 손실을 가져오는 경우에는 높은 거래 비용이 발생하게 될 것입니다.

현실에서는 이러한 이유들로 외부 효과를 민간 부문에서 해결하기 힘들기 때문에 정부의 역할에 대해서 생각해 볼 필요가 있습니다. 만약 어느 쪽에 재산권이 부여되어 있는지가 자원의 배분 방식에 영향을 줄 경우 정부는 어떤 권리의 가치가 더 큰 지를 고려하여 재산권을 설정해 주는 역할을 할 수 있습니다. 이때 정부는 사회적 손실을 최소화하는 방향으로 어느 한 쪽에 권리를 부여해야 합니다. 그렇게 되면 재산권을 가진 쪽이 주장하는 대로 상대방이 이행해야 할 의무를 가지기 때문에 문제가 쉽게 해결될 수 있기 때문입니다.

하지만 외부 효과의 원인 제공자가 누구인지 구별하기 어렵고, 소유권이 여러 사람인 경우 나만 아니면 된다는 식의 버티기 문제가 발생할 수도 있습니다. 게다가 환경 문제가 발생했을 경우에는 전 지구적인 차원의 문제이므로 소유권의 설정이 어려워서 해결이 쉽지 않지요.

대표적으로 지구 온난화나 산성비로 인한 피해는 부정적인 외부 효과의 전형적인 사례인데, 이 문제에 대해서 민간 부문의 자발적인 협상은 불가능해요. 왜냐하면 전 지구적으로 수많은 오염의 원인 제공자와 피해자들이 공존하고 있기 때문이죠. 그래서 환경 오염과 관련된 문제는 민간이 직접 협상을 이끌어내기 어렵기 때문에 정부가 어떤 정책을 통해서 개선해 나가는지가 중요합니다.

이를 위해 정부는 직접적인 규제를 통해서 기업의 오염 물질 배출을 금지하거나 제한할 수 있습니다. 실제로 이러한 정책을 통해서 오염 물질의 배출이 감소하고 환경이 크게 개선된 사례가 있을 정도로 효과적인 방법이지요.

하지만 이는 경제적으로 볼 때 적은 비용으로 환경을 지킬 수 있는 효율적인 정책이 아니라는 의견도 있습니다. 왜냐하면 오염 물질을 배출하는 경제 주체마다 이를 줄이는 비용, 즉 정화 비용에 서로 차이가 있기 때문이지요.

그래서 제안된 방법이 각 기업에서 배출되는 오염 물질의 양에 따라 조세, 즉 배출세를 부과하는 거예요. 이렇게 일정한 양의 오염

물질에 대한 한계 비용을 배출세로 지정하여 부과하면 각 기업마다 배출세와 정화 비용을 고려하여 행동할 것입니다. 이를 통해서 결과적으로는 오염 물질의 배출 총량이 사회적인 적정 수준을 효율적으로 달성할 수 있게 된다고 해요.

이러한 조세는 부정적인 외부 효과에 대한 일반적인 해결책으로 사용될 수 있는데, 이를 경제학자 피구의 이름을 따서 '피구세(Pigouvian tax)'라고 부릅니다. 정부가 조세액을 너무 높거나 낮지 않은 적정 수준으로 책정할 수 있다면 피구세는 외부 비용을 줄이는데 효과적인 방안이 될 거예요.

최근에는 정부에서 오염 물질을 배출할 수 있는 면허를 주고, 오염자들 사이에서 거래될 수 있도록 하는 오염 배출권 제도가 주목을 받고 있어요. 이는 시장 내부에서 외부 효과를 해소하고자 한 경제 정책이라고 볼 수 있지요.

이 경우에 기업마다 정화 비용이 서로 다르기 때문에 각자에게 이익이 되는 방향으로 거래가 이루어질 수 있어요. 이에 따라 정화 비용이 가장 적게 드는 기업은 스스로 오염 물질을 정화시키고 배출권을 판매할 것입니다. 그리고 정화 비용이 많이 드는 기업은 배출권을 사서 사회적으로 적정 수준의 오염 물질을 효율적으로 배출할 수 있게 되지요.

오염 배출권 제도는 오염 물질의 배출 총량을 일정한 수준으로 제한할 뿐만 아니라 이 과정에서 각 경제 주체가 부담해야 할 비용을 조정하는 효과도 볼 수 있답니다. 최근에는 온라인에서 대기 오염 물질 배출권을 거래할 수 있는 전자 상거래 시스템도 운영 중이라고 해요.

환경을 위해서는 기업이 스스로 오염 물질을 배출하지 않거나 줄일 수 있는 기술을 개발하는 것도 하나의 해결책이 될 수 있습니다. 하지만 이러한 기술을 개발하는 과정에도 비용이 들기 때문에 이를 자발적으로 추진하기 어렵답니다. 그래서 경제학자 피구는 기업에 보조금을 지급해야 한다고 주장하였어요. 이러한 보조금을 '피구 보조금(Pigouvian subsidy)'이라고 부른답니다.

**교과서에는**

외부 효과가 발생할 경우 정부는 그것을 발생시키는 경제 주체에게 비용을 부과시키거나 보조금을 지급하여 재화의 생산을 적정 수준으로 유도할 수 있습니다.

이는 오염 물질의 배출을 줄일 수 있는 기술이나 장비를 개발하도록 지원비를 주는 방법인데 긍정적인 외부 효과가 발생했을 때에 적용될 수 있습니다. 외부 편익을 발생시키는 행동을 장려하기 위한 보상으로서 지급될 수도 있기 때문이지요.

이 밖에도 오염 물질의 배출을 줄이는 기업에게는 세금을 감면해 주어 자발적인 노력을 유도하는 방법도 있답니다. 이와 관련한 제도로는 특허 제도를 들 수 있습니다.

신기술의 개발은 다른 사람들에게 편의를 제공하고 새로운 지식을 만드는 것이므로 긍정적인 외부 효과라고 할 수 있어요. 하지만 신기술이 불법으로 복제되어 인터넷에 퍼지게 되면, 가격의 왜곡을 가져오거나 신기술 개발에 따른 혜택을 누리지 못하게 되지요. 이 때문에 기업들이 쉽게 연구 개발에 나서지 않는 경우가 있답니다.

그래서 정부는 신기술을 개발한 사람들에게 일정 기간 독점권을 주는 특허 제도를 유지하고 있습니다. 특허 제도를 통해 신기술에

**지적 재산권**
개인의 정신적인 창작 활동의 결과물에 재산권을 부여한 것을 말합니다.

**사용료**
특허나 실용 신안권을 받은 기술을 사용하고 그 대가로 받은 돈을 말합니다.

**조세**
국가나 지방 자치 단체가 재원을 얻기 위하여 어떠한 대가 없이 국민으로부터 강제적으로 금전이나 재물을 거두는 것을 말합니다.

**보조금**
정부나 공공 단체가 특정 산업을 육성하거나 정책을 장려하기 위하여 개인이나 기업에게 지원하는 돈을 말합니다.

대한 지적 재산권(property right)을 보호하고, 사용료(royalty)라는 제도를 통해 '외부 효과를 내부화'하고 있는 것입니다.

여기서 외부 효과의 내부화란 사람들이 의사결정 과정에서 외부 효과를 고려하여 각자가 부담하는 가격을 조정하는 것을 말합니다. 이는 민간의 협상에 의해서 이루어질 수도 있고, 정부의 개입을 통해서 달성될 수도 있답니다.

이렇게 정부는 시장에서 발생한 권리 거래를 추정하여 그에 맞는 다양한 제도를 개혁합니다. 또한 **조세**, **보조금**, 각종 규제 등의 정책 집행을 통해 시장 전반에 발생하는 거래 비용을 줄이거나 없애기도 하지요. 만약 정부의 노력을 통해서 거래 비용이 줄어든다면 당사자 간의 협상에 의한 해결이 좀 더 쉬워질 것입니다.

"현실에서 사적인 협상이 이루어지려면 때로는 정부의 노력이 필요할 수도 있겠네요."

맞아요. 정부는 조세를 부과하거나 재산권을 설정하는 것 외에도 시장 질서의 유지를 위한 기초적인 기능을 수행합니다. 이를 통해 시장 실패의 문제를 해결해 나가는 것이지요. 하지만 시장 실패의 해결을 모두 정부에게만 맡겨둘 수는 없답니다. 왜냐하면 이를 해결하기 위한 정부의 개입이 오히려 효율적인 자원배분을 저해하는 정부 실패가 발생할 수 있기 때문이에요.

특히 외부 효과의 해결 과정에서 정부 실패가 발생하는 원인으로는 먼저 정부가 외부 효과에 대해 불완전한 지식이나 정보를 가지고 접근하는 경우를 들 수 있습니다. 또한 정부가 불합리한 제도나 정책으로 외부 효과를 규제하려고 하거나 근시안적인 해결책을 제시할 때 문제가 생길 수 있어요. 왜냐하면 그 과정에서 재산권이나 자원이 비효율적으로 배분될 수 있기 때문이지요. 그래서 정부를 모든 문제의 해결자로 믿고 시장에 무조건 개입하도록 하는 것은 지양해야 합니다.

# 공 공 재 와
# 공유 자원의 비극

공공재와 공유 자원은 외부 효과가 발
생하는 경우와 매우 유사한 특성을 가
지고 있습니다. 재화를 분류하는 특성
을 통해서 공공재와 공유 자원으로 인
한 경제적 문제에 대해서 살펴봅시다.

**수능과 유명 대학교의 논술 연계**

## 재화의 특성

우리가 사용하는 재화는 그 특성에 따라서 특정 개인만이 사용할 수 있는 사유재와 사유재가 아닌 다른 재화들로 간단히 나누어 볼 수 있습니다. 또한 재화는 그 종류에 따라 거래되는 방식에 차이를 가지기도 하지요.

재화를 나누는 특성으로는 배제성과 소비에서의 경합성을 들 수 있습니다. 먼저 배제성이란 재화의 공급자가 대가를 지불하지 않은 사람에게 그 재화를 소비하지 못하도록 막을 수 있는 것을 말합니다. 그리고 경합성이란 두 사람 이상이 동일한 재화를 동시에 소비할 수 없는 것을 말하는데 소비에서의 경쟁이라고 생각하면 쉬울 거예요.

"그럼 모든 재화가 배제성과 경합성을 가지는 거예요?"

그건 아니에요. 배제성과 경합성을 모두 가지는 재화를 사유재라고 해요. 핸드폰을 예로 들어 볼게요. 핸드폰을 파는 대리점 주인은 비용을 지불하지 않은 사람에게는 핸드폰을 판매하지 않을 거예요. 핸드폰은 배제성을 가지기 때문이지요.

그리고 한 사람이 산 핸드폰은 다른 사람이 또 소비할 수 없으며 그 혜택도 함께 누릴 수 없습니다. 이는 소비에서의 경합성 때문이에요. 그래서 사유재는 시장 기구를 통해서 공급되며, 소비자들은 재화의 가격을 지불하지 않고서는 그 재화를 살 수 없답니다. 자신이 구입한 재화의 혜택은 혼자서 누리게 되는 것이지요.

하지만 모든 재화가 이러한 배제성과 경합성을 동시에 가지고 있진 않아요. 어떤 재화는 배제성은 갖지만 비경합성을 가지기도 하고, 어떤 재화는 경합성은 갖지만 비배제성을 가지기도 합니다. 우리가 이번 수업에서 배울 공공재는 비배제성과 비경합성을 모두 가지는 재화랍니다.

이렇게 재화는 어떤 특성을 가지느냐에 따라서 크게 네 가지 유형으로 분류됩니다. 다음의 표를 통해서 재화의 특성에 대해 좀 더 자세히 알아보기로 하지요.

| | | 경합성 | |
| --- | --- | --- | --- |
| | | 있다 | 없다 |
| 배제성 | 있다 | **사유재**<br>예) 음식, 옷, 가구, 자동차 등 | **자연독점**<br>예) 전력, 수도, 유료 케이블 TV 등 |
| | 없다 | **공유 자원**<br>예) 깨끗한 물, 바다의 물고기 등 | **공공재(순수공공재)**<br>예) 국방, 자연재해 경보 등 |

　제시된 표에서도 알 수 있듯이 사유재와 공유 자원은 소비에 있어서 경합성을 가집니다. 시장에서 파는 옷이나 음식이 대표적인 사유재지요. 많은 사람들이 옷을 사기 위해서 몰려든다면 너무 늦게 도착한 사람은 돈이 있어도 살 수 없게 됩니다. 요즘에는 '한정판'이라는 용어가 유행이지요? 특별한 디자인의 옷을 한정된 양만 생산하여 판매하는 경우 이 옷을 원하는 사람들은 경쟁할 수밖에 없을 거예요.

　자원이 한정되어 있는 공유 자원의 경우는 어떨까요? 바다에 있는 물고기는 지구에 있는 많은 사람들이 먹을 수 있을 정도로 많다고 생각할 수 있지만 사실상 그 양에는 한계가 있습니다. 특히 환경 오염으로 물고기의 수가 줄어들게 되거나 많은 사람들이 한꺼번에 포획하게 된다면 경합성이 커질 것입니다. 그래서 바다 나 강에서는 너무 작은 물고기를 잡으면 다시 풀어주기 도 한답니다.

**포획**
짐승이나 물고기를 잡는 행위를 말합니다.

"낚시를 좋아하시는 옆집 아저씨께 그런 이야기를 들은 적이 있어 요. 지금 생각해 보니 물고기가 경합성이 있는 재화였기 때문이네요."

맞아요. 반면에 자연 독점이나 공공재는 소비에 있어서 비경합성 을 가지기 때문에 아무리 많은 사람이 소비를 해도 한 사람이 소비 할 수 있는 양에는 전혀 변함이 없습니다. 이는 소비자가 아무리 많 아져도 이를 수용하기 위해 추가적인 생산 비용이 들지 않는다는 뜻 이기도 합니다.

예를 들어 유료 케이블 TV채널은 한번 공급되고 나면 아무리 많 은 사람들이 소비한다고 해도 추가적인 생산비가 들지 않습니다. 다 른 사람이 케이블 TV채널을 이용한다고 해서 내가 그 채널을 이용 할 수 있는 기회가 줄어드는 것이 아니기 때문이지요. 또한 국방 서 비스의 경우도 마찬가지예요.

"그런데 비경합성을 가지는 재화라도 유료의 케이블 TV채널과 국방 서비스는 그 성격이 조금씩 다른 것 같아요."

그렇지요. 두 재화의 차이는 배제성의 개념으로 설명할 수 있어요. 배제성은 앞에서 배운 것처럼 재화와 서비스를 소비하려고 하는 사람이 대가를 치르지 않을 경우 소비에서 배제시킬 수 있는 것을 말해요. 그래서 유료의 케이블 TV는 비용을 지불한 가정에만 채널을 공급하는 것입니다.

전력을 사용하는 사람들이 '전기세'라는 명목으로 비용을 지불하는 것도 이와 같은 경우지요. 모두 배제성을 가지는 경우입니다. 하지만 국방 서비스는 국민이라면 누구나 누릴 수 있는 권리이기 때문에 대가를 치르지 않아도 배제시킬 수 없다는 차이가 있지요. 모두 이해가 되나요?

"네. 그럼 국방 서비스는 비경합성과 비배제성을 동시에 가지고 있네요?"

그래요. 이러한 재화를 우리는 공공재라고 한답니다. 때문에 공공재의 특성은 사유재의 특성과는 정반대라고 할 수 있지요. 그럼 지금부터 공공재에 대해서 자세히 살펴봅시다.


## 공공재가 부족한 이유는?

여러분에게 질문을 하나 할게요. 누구나 사용할 수 있는 공공재에는 어떤 것이 있을까요?

"음, 모든 사람들이 사용하는 길거리의 도로 같은 건가요?"

그렇습니다. 우리가 알고 있는 도로, 국방, 치안, 교육과 같이 공공의 이익을 목적으로 하는 재화를 공공재라고 합니다. 그래서 공공재를 이용하는 사람들은 대체로 비용을 지불하지 않고도 누구나 얼마든지 사용할 수 있기 때문에 편익이 큰 편입니다.

"그런데 공공재가 가진 공익적인 성격이 뭐에요?"
"돈을 내지 않고도 사용할 수 있는 특성이 어떤 건지 궁금해요."

앞에서도 설명한 것처럼 공공재는 소비의 비경합성과 비배제성의 두 가지 성격을 모두 가지는 재화입니다. 그래서 소비를 할 때 서로 경합하지 않아도 되고, 비용을 지불하지 않더라도 사용에 있어서 배제를 받지 않지요. 합리적인 소비자라면 이렇게 비배제성을 갖는 재화에 대해서 대가를 지불하려고 하지 않을 거예요. 그래서 공공재가 일단 공급되고 나면 무임승차의 문제가 발생한다는 점에 주목할 필요가 있습니다.

"그럼 정당하게 돈을 지불한 사람들만 손해 아닌가요?"

그렇지요. 특히 공공재는 생산 비용이 많이 들어가는 경우가 대부분인데, 소비 과정에서 무임승차가 가능하기 때문에 생산자가 그 많은 비용을 부담하게 되는 경우가 많습니다. 그래서 공공재의 공급이 증가하면 많은 소비자들이 혜택을 볼 수 있음에도 불구하고, 아무도 그 생산에 나서지 않는 것입니다. 결국 공공재의 생산을 개인이나 기업의 자유로운 경제 활동에 맡겨 놓는다면, 사회적으로 필요한 만큼의 공공재가 충분히 공급되지 않는다는 문제가 발생하게 되겠죠.

그렇다면 공공재의 적절한 공급량은 어떻게 될까요? 재화의 특성상 공공재에 대한 개별 소비자의 한계 편익을 모두 합하면 공공재 한 단위에 대한 사회적 한계 편익이 됩니다. 다시 말하면, 사회적 한계 편익은 공공재 한 단위로부터 모든 소비자가 얻는 사적 한계 편익의 합을 말합니다. 또한 소비자가 공공재에 대하여 지불하고자 하는 금액의 합과 같다고도 볼 수 있지요. 이렇게 계산된 사회적 한계 편익과 공공재를 생산하는데 드는 한계 생산비가 일치하는 수준에서 공공재의 적정 공급량이 결정되는 것입니다.

그런데 공공재를 한 단위 추가로 공급할 때 이에 대한 사회적 한계 편익은 개별 소비자의 한계 편익(사적 한계 편익)보다 큽니다. 이것이 바로 무임승차 발생의 원인이 되는 것이지요. 개별 소비자들은 자신의 편익보다 높은 비용을 지불하려고 하지 않기 때문이에요.

이러한 공공재의 문제는 우리가 앞에서 배운 긍정적인 외부 효과의 경우와 매우 유사하다고 볼 수 있습니다. 긍정적인 외부 효과가 발생할 때 시장에서는 어떤 문제가 생겼죠?

"사회적 최적 수준의 양보다 더 적게 생산되거나 소비되는 문제가 발생했어요."

맞아요. 그리고 이 경우 모두 시장 실패에 해당한다는 공통점도 있지요. 그렇다면 공공재 부족의 문제는 어떻게 해결할 수 있을까요?

"사람들이 사용료를 지불하도록 법으로 규제하면 안 될까요?"

그렇게 소비의 경합성이 없는 공공재에 대해서 강제적으로 대가를 받도록 하는 것은 바람직한 해결책이 아닙니다. 잘 생각해 보세요. 우리는 이미 시장 실패의 문제를 해결하기 위해서 정부의 개입이 요구된다는 것을 배웠습니다. 특히 공공재의 문제는 정부에 의한 해결이 매우 중요하다는 사실을 기억해야 합니다.

공공재는 우리가 생활하는 데 있어서 반드시 필요한 것이 대부분이기 때문에 정부가 그 공급을 담당해 주어야 합니다. 실제로 우리가 국가에 납부하는 세금을 통해 얻어진 재원을 바탕으로 정부가 직접 공급하는 경우가 많습니다. 이는 공공재의 부족으로 인해 자원이 비효율적으로 배분되는 문제를 해결하기 위한 정부의 노력이라고 볼 수 있지요.

"그럼 정부가 나서면 모든 것이 해결되는 건가요?"

물론 정부가 나서면 공공재의 공급에 대한 문제는 해결될지 몰라도 개인들의 무임승차 문제까지 완전히 해결할 수는 없답니다. 세금 마저도 제대로 납부하지 않는 사람들이 있기 때문이지요. 다음 이야기를 잘 들어보세요.

바다가 어두워지면 어김없이 환하게 빛을 밝히는 등대지기가 있었습니다. 이 등대는 마을 사람들의 세금에 의해서 운영되었는데 몇몇 사람들은 세금을 잘 내지 않는 경우가 많았습니다. 세금을 내지 않아도 등대의 불빛을 이용하는데 전혀 무리가 없었기 때문입니다.

그러자 화가 난 등대지기가 등대를 켜지 않는 일이 발생했습니다. 이로 인해 세금을 잘 내던 사람들도 어두운 바닷길을 항해하는데 큰 불편을 겪게 되었습니다. 결국 마을 사람들이 모여서 이 문제에 대해서 논의하게 되었는데, 등대지기는 정부에 건의를 하여 등대를 사유재로 바꾸어 이용료를 받으면 좋겠다는 의견을 내놓았답니다.

위의 이야기에서 등장하는 등대는 공공재에 속합니다. 세금을 내지 않아도 등대의 불빛을 보지 못하도록 배제할 수 없고, 다른 사람의 이용 여부와 상관없이 누구나 사용할 수 있기 때문이지요. 경제학자 폴 사무엘슨(Paul Anthony Samuelson)은 그의 저서 『경제학Economics』에서 "공공재인 등대 건설에는 외부 효과로 인한 문제가 발생하기 때문에 정부가 개입해서 해결해야 한다."고 했습니다.

공공재는 그 특성상 정부가 나서서 공급할 수밖에 없

**폴 사무엘슨**
소비자 선택 이론을 발전시킨 미국의 경제학자로서 공공재는 그 특성상 정부가 생산해야 한다는 사실을 수학적을 증명하였습니다. 신고전파의 대표 주자로서 제 2회 노벨 경제학상을 받았고, 그의 저서 『경제학』은 경제학의 교과서로 불릴 만큼 유명합니다.

기 때문이라는 것은 앞에서 이미 배웠으니 다들 잘 알겠지요? 하지만 외부 효과를 해결할 때 당사자 간의 협상에 의해서 사적인 해결이 가능했던 것처럼 무임승차의 문제도 민간이 나서서 해결할 수 있는 방법이 있답니다. 나는 1974년 10월에 발표한 「등대 경제학The Lighthouse in Economics」에서, 등대 건설을 정부보다 민간 부문에서 훨씬 성공적으로 담당하였던 사례를 제시했습니다.

과거의 영국에서 민간업자들이 정부로부터 등대 건설을 허가 받은 후 배들이 항구에 정박을 하면 운행 횟수에 따라 등대 사용료를 직접 징수했던 것입니다. 이때 배의 선장들은 무임승차의 유인이 있기 때문에 항구의 소유주에게 사용료를 받기로 했지요. 그 결과 항구의 소유주가 사용료를 내지 않으면 민간업자는 등대의 불을 꺼버렸고, 배들은 어두운 항구에 들어오지 않았답니다.

이처럼 어떤 등대가 사용료를 지불한 항구 소유자 한 사람만 사용할 수 있도록 되어 있다면 그 등대는 사유재가 됩니다. 이를 통해서 공공재의 무임승차 문제를 해결할 수 있는 것이지요.

하지만 정부가 등대를 관리할 때에 비해서 그 사용료가 점차 올라가서 문제가 되기도 했답니다. 이후 영국 정부는 민간업자가 사용료를 올리는 것을 막기 위해 모든 민간 등대를 구입하였지만 실제로 가격을 내리지는 못했다고 합니다.

## 공유 자원의 비극

공유 자원은 비배제성과 경합성을 가지는 재화를 말합니다. 그래서 대가를 지불하지 않고도 소비할 수 있다는 점에서는 공공재와 같지만, 한 사람이 소비를 많이 하면 다른 사람의 몫이 그만큼 적어진다는 점에서는 공공재와 차이가 있지요.

예를 들어 공원의 한 사과나무에 사과가 열려 있어서 누구나 마음껏 따도 된다고 합시다. 처음 온 사람이 사과를 모두 따가면 다른 사람은 그 기회를 잃게 되겠지요. 이는 사과가 경합성을 가지기 때문이에요. 오늘은 이와 관련한 이야기를 통해서 공유 자원에 대해 자세히 배울 거예요. 먼저 아래의 이야기를 들어봅시다.

어떤 마을에 주인 없이 공동으로 사용하는 목초지가 있었습니다. 마을 사람들은 이 목초지에서 소를 키우며 살았지요. 처음에는 모두 한 마리씩의 소를 소유하고 있었고, 여분의 우유나 치즈를 인근 마을에 내다 팔아 많은 이윤을 얻기도 했습니다. 그들에게는 공동의 목초지가 있었기 때문에 소를 키우는데 큰 비용이 들지 않았답니다. 그런데 시간이 갈수록 사람들은 더 많은 이윤을 위해 키우는 소의 수를 늘리기 시작했습니다. 이로 인해 공동의 목초지에는 감당할 수 없을 만큼 소가 많아졌습니다. 그러자 마을의 소들이 배불리 먹을 만큼 풀이 무성하였던 목초지가 점차 황무지로 변하고 말았답니다.

이 이야기는 1968년 가렛 하딘(Garret Hardin)이 『사이언스』지에 실었던 논문 「공유지의 비극tragedy of commons」에 나오는 이야기입니다. 공동의 목초지, 즉 공유지에는 어떤 일이 일어났는지 한번 말해 볼까요?

> **공유지의 비극**
> 소유권이 명확하게 규정되지 않은 자원을 무분별하게 사용하여 고갈되는 비극적인 현상입니다.

"마을 주민들이 공유지를 마음대로 사용해서 결국 황무지로 변했어요."

맞아요. 마을 사람들이 모두 자신의 이익만을 추구한 결과지요. 물론 개인의 입장에서 보면 소를 많이 키워서 공유지를 마음껏 사용하는 것이 합리적인 선택이라고 생각할 수 있어요. 하지만 공공성의 측면에서 본다면 마을 사람들의 무분별한 사용으로 공유지가 엉망이 되었기 때문에 비합리적인 선택이라고 볼 수 있지요. 가렛 하딘은 이 이야기를 통해서 '사적 합리성(개인 합리성)과 공적 합리성(사회적 합리성)이 일치하지 않는다'는 것을 보여준 것입니다.

> **교과서에는**
> 외부 효과가 발생하는 경우, 개인이 부담하는 비용과 사회가 부담하는 비용이 다르고 이에 따라 사회 전체적으로 필요한 재화와 서비스의 생산량과 실제 생산량 사이에 차이가 나게 됩니다.

이렇게 무료로 제공될 수밖에 없는 공유 자원은 개인들의 사적인 이익 추구 행위가 조정되지 않을 경우 환경 파괴로 이어질 수 있습니다. 위와 같은 공유지의 비극이 발생하는 것이지요. 그렇다면 이와 비슷한 예로는 또 어떤 것이 있을까요?

"개발을 위해서 나무를 모두 자르는 일도 문제가 되겠죠?"

맞아요. 지구의 허파인 아마존을 개발해서 나무를 모두 잘라내는 것도 이와 같은 문제에 해당해요. 이 밖에도 우리는 언론매체를 통해서 강을 오염시키고 물고기를 멸종시키는 행위를 자주 목격하기도 하지요.

최근에는 각 나라마다 석유 사용량이 늘어나서 새로운 자원을 개발해야 하는 실정에 이르렀답니다. 그래서 인도네시아 수마트라 섬에서는 야자수를 이용한 식물성 석유를 생산하기 위해서 열대 우림 지역을 마구잡이로 개간한 나머지 오랑우탄의 서식지가 사라지고 있다고 합니다.

그렇다면 공유 자원이 이렇게 남용되는 문제를 해결할 수 있는 방법을 알아봅시다. 공유 자원의 문제는 앞에서 배운 부정적인 외부 효과가 발생했을 때의 문제와 매우 유사합니다. 바다에서 고기잡이 활동을 하는 어부들이 물고기의 수를 감소시킬 만큼 활발한 활동을 할 경우에 사회적으로 입는 손실은 부정적인 외부 효과가 발생했을 때 나타나는 외부 비용과 비슷하기 때문입니다. 부정적인 외부 효과의 대표적인 사례가 대부분 환경 문제와 관련이 있었다는 것을 기억한다면 이를 이해하기가 더욱 쉬울 거예요. 그럼 부정적인 외부 효과를 해결하기 위해서 정부가 어떤 노력을 한다고 배웠었죠?

"아, 피구세를 부과해서 오염 물질의 배출을 줄이도록 했어요."

맞아요. 공유 자원의 남용 문제를 해결하는 것도 이와 비슷하답니다. 정부가 공유 자원을 직접 관리하여 사람들이 사용료를 내고 이용할 수 있도록 하는 방법이 있겠죠.

"환경을 위해 오염 물질 배출권을 만들었던 것도 생각나요."

그래요. 공유 자원도 이를 사용할 수 있는 허가권을 만들어서 오염 배출권처럼 사고 팔수 있도록 하는 방법이 있어요. 그러면 공유 자원에 대한 편익이 높은 사람들이 비용을 고려하여 허가권을 구매하여 사용할 거예요. 이로 인해 각자 편익에 따라 효율적으로 거래할 수 있게 되어 효과적인 해결책이 되겠지요.

공유 자원이 남용되는 이유는 모두가 개인의 사적인 이익에 따라서 행동하기 때문입니다. 공유 자원이 우리 모두의 것이라는 인식이 없는 것이지요. 따라서 이에 대한 근본적인 해결책은 공유 자원에 대한 소유권, 즉 재산권을 누군가에게 부여하는 것이 될 수 있어요. 왜냐하면 공유 자원이 누군가의 소유가 되는 순간 더 이상 대가를 지불하지 않고 자유롭게 사용할 수는 없기 때문이지요. 하지만 이것이 현실적으로 어렵다면 다음 세대를 생각하여 공유 자원을 함부로 남용하지 않는 태도가 필요하답니다.

경제 plus

# 공유 자원의 비극을 넘어

공유 자원을 사용할 때에는 다음 세대를 생각하는 지혜가 필요합니다. 각 개인이 이기심으로 도덕적 책임을 지려하지 않는 도덕적 해이(moral hazard)가 나타나게 되면, 그로 인한 피해는 결국 사회 구성원 모두에게 되돌아오기 때문이지요.

이러한 공유지의 비극을 피할 수 있는 길은 이해 당사자들이 의식적으로 공유지를 지키기 위해 노력하면서, 정부 차원에서 제도적 장치와 같은 보호막이나 대응책을 마련하는 것입니다. 전통적인 방법으로는 앞에서 이야기 한 것처럼 공유 자원을 사유화시키거나 정부의 강력한 제도적 장치를 바탕으로 규제를 해야 한다고 주장되어 왔지요.

그런데 이러한 공유 자원의 문제에 대해 이전과 다른 해결책을 제시한 학자가 있답니다. 바로 2009년 여성으로서 최초로 노벨 경제학상을 수상한 엘리너 오스트롬(Elinor Ostrom)입니다. 그녀는 어장이나 목초지뿐만 아니라 지식까지도 공유 자원의 차원에서 논의한 것으로 유명하며, 제도 경제학과 공공 선택론의 대가로 알려져 있지요.

엘레너 오스트롬은 『공유의 비극을 넘어』라는 책을 통해서 공유지에 대한 문제의 해법을 제시하였어요. 시장, 민간 기업, 정부에 의해 공유지 문제를 해결하는 것보다 사회 구성원 간의 '신뢰'와 '공동체에 대한 의식'으로 구성된 '자치 제도'를 통해 문제를 해결할 수 있다고 주장하였답니다. 그리고 오랜 세월 동안 공유 자원을 잘 관리해 온 공동체 중심의 여러 자치 제도를 소개하고 있지요.

예를 들면 수천 년간 생태계를 망가뜨리지 않고 공유 자원을 사용한 스위스와 일본의 고산 지대 목초지 및 산림의 부락 공동 소유와 농사용 관개 시설을 공유하는 스페인의 우에르타 관개 제도, 그리고 필리핀의 잔제라 관개 공동체 등의 성공적인 사례를 제시하고 있습니다. 또한 터키의 두 연안 어장, 캘리포니아의 지하수 분지들, 스리랑카의 어장 등 공유 자원 제도의 실패 사례도 함께 제시해 주었답니다.

우리가 알고 있는 기존의 전통 경제학에서 인간의 합리적인 행동은 개인의 관점에 맞추어져 있습니다. 그래서 공유지의 풀을 마음껏 사용한 마을 주민들의 행동이 바로 합리적인 행동이었지요. 그러나 이러한 개인의 합리적인 행동으로 인해 모두의 공유지가 황폐해 지면서 결국 주민들 모두가 피해를 입게 되는 결과를 낳고 말았습니다. 이에 오스트롬 교수는 인간의 개인적 합리성이 아닌 집단적 합리성에 주목하고 구성원간의 지속적인 신뢰 관계에 기초한 '공동체 중심의 자치 제도'를 통해 공유 자원의 비극을 넘어 설 수 있다고 주장한 것입니다.

마을의 공유지에서는 많은 소들이
자유롭게 풀을 뜯어 먹을 수 있었습니다.

소를 키워서
우유와 치즈를 만들자!

마을 사람들은 더 많은 소를
키우기 시작했지요.

마음껏 뜯어먹고
쑥쑥 자라라!

더 많은 소를
키워야지!

소가 너무 많아.
이러다 풀이 모두
사라지겠어.

이런…….

목초지가 황무지로
변해 버렸어.

흑흑흑.
우리가 너무
욕심부렸나봐.

이것이 공유지의
비극입니다.

공유 자원은
경합성이 있기
때문이지요.

너 때문에
망했어!

아니야!
너 때문이야!

# "거래 비용이 없다면……."

시장은 가격 기구에 의해 자원을 효율적으로 배분하는 기능을 가지고 있습니다. 하지만 시장이 항상 완벽할 수는 없기 때문에 이를 해결하기 위한 노력이 필요합니다. 우리는 이러한 시장의 문제를 시장 실패라고 부르며, 일반적으로는 정부가 개입해서 이 문제를 해결해야 한다고 보았습니다.

오늘 수업의 주요 주제인 외부 효과는 이러한 시장 실패의 대표적인 경우에 해당합니다. 이는 한 경제 주체의 행동이 의도하지 않게 다른 경제 주체에게 혜택이나 손해를 끼치면서도 아무런 대가를 지불하지 않는 것을 말하지요.

외부 효과가 발생하면 사회적인 손실이 발생하게 되고 그만큼 사회 구성원들의 복지 수준이 감소하게 됩니다. 외부 효과가 사회적으로 자원의 비효율 문제를 일으킨다고 말하는 이유도 바로 여기에 있습니다.

만약 긍정적인 외부 효과가 발생하게 되면 그로 인해 혜택을 입는 사람들은 더 많은 양의 외부 효과가 일어나기를 바랄 것입니다. 하지만 당사자에게는 아무런 대가가 주어지지 않기 때문에 사회적으로 필요로 하는 양보다 더 적게 생산 되거나 더 적게 소비되는 일이 발생한다는 사실은 모두 기억하고 있지요? 이 경우에 정부가 나서서 보조금을 준다면 경제 주체 당사자들은 보조금의 양만큼 더 생산하거나 더 소비하게 되어서 긍정적인 외부 효과를 해결할 수 있습니다.

반면에 부정적인 외부 효과가 발생하게 되면 손해를 입는 사람들이 생기기 때문에 모두가 이 문제를 해결하고자 할 것입니다. 하지만 부정적인 외부 효과의 당사자는 아무에게도 비용을 지불하지 않아도 되기 때문에 사회적으로 필요로 하는 양보다 더 많이 생산하거나 더 많이 소비하게 되는 것입니다.

이 경우에 정부는 직접적인 규제를 하거나 조세를 부과하는 등의 방법을 사용할 수 있습니다. 부정적인 외부 효과를 발생시키는 경제 주체들은 세금을 인식하여 생산을 줄이거나 소비를 줄여서 사회적 손실을 줄이고자 할 것이기 때문입니다.

하지만 나는 코즈의 정리를 통해서 정부가 개입하지 않아도 민간 경제 주체들 사이의 협상을 통해서 외부 효과의 문제를 해결할 수 있다고 주장하였습니다. 바로 이 문제와 관련하여 쓴 논문이 「사회적 비용의 문제」입니다. 이 논문의 대표적인 내용은 다음과 같습니다.

"개인 주체들이 자원 배분 과정에서 아무런 비용을 지불하지 않고 협상을 할 수 있다면, 외부 효과로 인해 초래되는 비효율성을 그들 스스로 해결할 수 있다. 또한 교환의 거래 비용이 교환의 편익보다 높으면 초기의 권리 부여는 자원의 배분에 영향을 미친다."

—「사회적 비용의 문제」

나는 조세나 보조금 등과 같이 법이나 정책으로 외부 효과를 시정하려는 정부의 개입은 불필요하다고 주장했습니다. 이를 위해서는 외부 효과가 존재하더라도 거래 비용이 아주 작아서 민간 경제 주체들이 아무런 비용을 치르지 않고 협상을 할 수 있다는 전제가 필요하지요.

이 경우 재산권이 누구에게 있든지 당사자의 자발적 협상을 통해서 자원 배분의 효율성이 항상 달성될 수 있어요. 다시 말해, 외부 효과로 인해 초래되는 비효율성은 당사자들 스스로 해결할 수 있다는 것입니다. 이로 인해 나는 시장 실패에 대한 정부의 개입 문제에 새로운 시각을 제시하였다는 평을 받기도 하였습니다.

하지만 현실적으로는 부정적인 외부 효과가 발생했을 때, 그것을 해결하기 위한 거래 비용이 많이 들기 때문에 정부의 개입도 어느 정도 필요하다고 볼 수 있습니다. 왜냐하면 환경 오염 물질을 배출하는 경제 주체들은 자신의 이익만 생각하고 그 책임을 사회적 비용으로 전가시키며 스스로 책임지려고 하지 않기 때문입니다.

만약 이런 현상이 계속된다면 지구 온난화로 인한 해수면 상승으로 결국 물속에 잠겨버린 '투발루'라는 섬나라처럼 우리도 큰 어려움을 겪게 될지 모를 일입니다.

요즘은 특히 환경과 생태에 사회적 관심이 많아지고 있는데 이 책을 읽은 학생들은 오늘 배운 경제 이론을 바탕으로 생활 속에서 실천할 수 있는 일을 생각해 보았으면 좋겠습니다.

**2007년도 수능 12번**

다음 사례로부터 옳게 추론한 내용을 〈보기〉에서 모두 고른 것은? [3점]

> 세계의 많은 대도시들은 교통 혼잡 문제로 골머리를 앓고 있다. 경제학자들은 이에 대해 도로 통행료 징수 제도를 해답으로 제시한다. 그러나 세계의 어느 도시도 싱가포르가 시도하기 전까지는 이 제도를 도입할 엄두를 내지 못했다. 싱가포르는 도심 주변에 통행료 징수기를 설치하여 이용한 도로, 이용 시간대 등을 토대로 도심에 진입하는 차량에 대해 통행료를 징수하고 있다.

〈보기〉

> ㄱ. 통행료를 징수하는 도로는 국방과 같은 공공재이다.
> ㄴ. 통행료를 징수함으로써 도로의 최적 이용량을 유도하고자 한다.
> ㄷ. 통행료를 징수하는 것은 도로 이용의 사적 비용이 사회적 비용보다 크기 때문이다.
> ㄹ. 통행료를 징수하지 않는 경우 누구나 이용할 수 있지만 혼잡에 따른 경합성이 있다.

① ㄱ, ㄴ    ② ㄱ, ㄷ    ③ ㄴ, ㄷ    ④ ㄴ, ㄹ    ⑤ ㄷ, ㄹ

㉠, ㉡에 대한 옳은 설명을 〈보기〉에서 고른 것은? [2점]

> 갑국의 A기업은 최근 ㉠아파트 신축을 추진 중이다. 하지만 인근 C아파트 주민들은 신축 아파트가 자신들의 조망권을 침해할 것이라고 주장하며 관계 당국에 민원을 제기하였다. 아파트 신축으로 A기업이 얻는 이익은 12억 원이며, 조망권 침해로 인한 C아파트 주민들의 피해는 8억 원이다. 당국은 ㉡A기업과 C아파트 주민들의 합의가 이루어질 때까지 신축 허가를 보류하기로 했다.

〈보기〉

> ㄱ. ㉠은 C아파트 주민에게 긍정적 외부 효과를 발생시킨다.
> ㄴ. ㉡을 통해 효율적인 자원 배분을 이룰 수 있다.
> ㄷ. ㉡을 통해 결정되는 합의금은 12억 원보다 크다.
> ㄹ. ㉡에서 결정되는 합의금 액수에 상관없이 ㉠의 사회적 순편익은 일정하다.

① ㄱ, ㄴ      ② ㄱ, ㄷ      ③ ㄴ, ㄷ

④ ㄴ, ㄹ      ⑤ ㄷ, ㄹ

### 〈2007년도 수능 12〉 답 ④

싱가포르가 교통 혼잡 문제를 겪고 있는 도로에 통행료를 징수하는 것은 ㄴ에서 제시된 것처럼 도로의 최적 이용량을 유도하기 위함입니다. 무료로 이용되는 도로는 배제성이 없어서 비용을 지불하지 않은 사람의 이용을 막을 수가 없지요. 하지만 어떤 사람이 도로를 이용하면 또 다른 사람의 이용에 제한이 생기기 때문에 경합성이 있는 재화입니다. 이러한 경우에는 이용에 대한 사적 비용보다 사회적 비용이 더 크다고 볼 수 있습니다. 때문에 통행료를 징수하면 사적 비용이 더 커지고 그에 따라 도로 이용이 줄어들어 혼잡함을 줄일 수 있게 되는 것이지요. 그래서 도로의 사적 비용이 더 크기 때문에 통행료를 징수한다는 ㄷ의 설명은 잘못된 것입니다. 또한 ㄱ에서는 유료 도로가 공공재라고 하였으나, 유료 도로는 공공재처럼 비배제성과 비경합성을 가지지 않습니다. 이러한 공공재의 특성을 정확히 안다면 쉽게 풀 수 있는 문제입니다.

### 〈2011년도 수능 10번〉 답 ④

A기업의 아파트 신축은 C아파트 주민들에게 부정적인 외부 효과를 발생시킵니다. 하지만 ⓒ을 통해서 A기업이 보상금을 지급함으로써 효율적인 자원 배분을 이룰 수 있습니다. 이때 ㉠으로 12억 원의 이익을 얻는 A기업과 이로 인해 8억 원의 피해를 입는 C아파트 주민들은 8억 원에서 12억 원 사이에서 합의를 볼 것입니다. C아파트 주민들은 8억 원 이하에서는 피해가 더 크기 때문에 양보하지 않을 것이고 A기업은 12억 원이 넘으면 아파트 신축으로 부터 얻는 이익보다 더 많은 비용을 지불해야

하기 때문에 협상하지 않을 것이기 때문입니다. 그런데 합의금이 8억 원에서 12억 원 사이의 어떤 금액에서 결정되든지 사회적 순편익은 편익인 12억 원에서 비용인 8억 원을 뺀 4억 원으로 일정하다고 볼 수 있습니다. 만약 10억 원에서 합의가 이루어진다면 A기업은 2억(12억 원-10억 원)의 이익을 얻고 C아파트 주민들은 8억 원의 피해보다 2억 원 더 이익을 얻습니다. 결국 사회적 순 편익은 4억 원으로 동일하게 결정되는 것입니다.

경제학자가 들려주는 경제 이야기 03

# 코즈가 들려주는 외부 효과 이야기

ⓒ 최병모 이수진, 2011

초판 1쇄 발행일  2011년 5월 16일
초판 7쇄 발행일  2022년 1월 12일

지은이     최병모 이수진
그린이     박용석
펴낸이     정은영

펴낸곳     (주)자음과모음
출판등록   2001년 11월 28일 제2001-000259호
주소       10881 경기도 파주시 회동길 325-20
전화       편집부 02) 324-2347  경영지원부 02) 325-6047
팩스       편집부 02) 324-2348  경영지원부 02) 2648-1311
이메일     jamoteen@jamobook.com

ISBN  978-89-544-2553-7 (44300)

# 역사공화국 한국사법정 (전 60권)
# 세계사법정 (31권 출간)

함규진 외 지음 | (주)자음과모음 | 이메일 soseries@jamobook.com

## 교과서 속 역사 이야기, 법정에 서다!
## 법정에서 펼쳐지는 흥미로운 역사 이야기

흔히들 역사는 '승자의 기록'이라 말합니다. 그래서 대부분의 역사 교과서나 역사책은 역사 속 '승자' 만을 중심으로 이야기하지요. 그렇다면 과연 역사는 주인공들만의 이야기일까요?

역사 속 라이벌들이 한자리에 모여 재판을 벌이는 역사공화국 한국사·세계사법정에서는 교과서 속 역사 이야기가 원고와 피고, 다채로운 증인들의 입을 통해 소송을 벌이는 '법정식' 구성으로 극적 재미를 더하고 있습니다. 이를 통해 독자는 역사 속 인물들의 치열한 공방을 따라가며 역사를 입체적으로 살펴볼 수 있습니다.